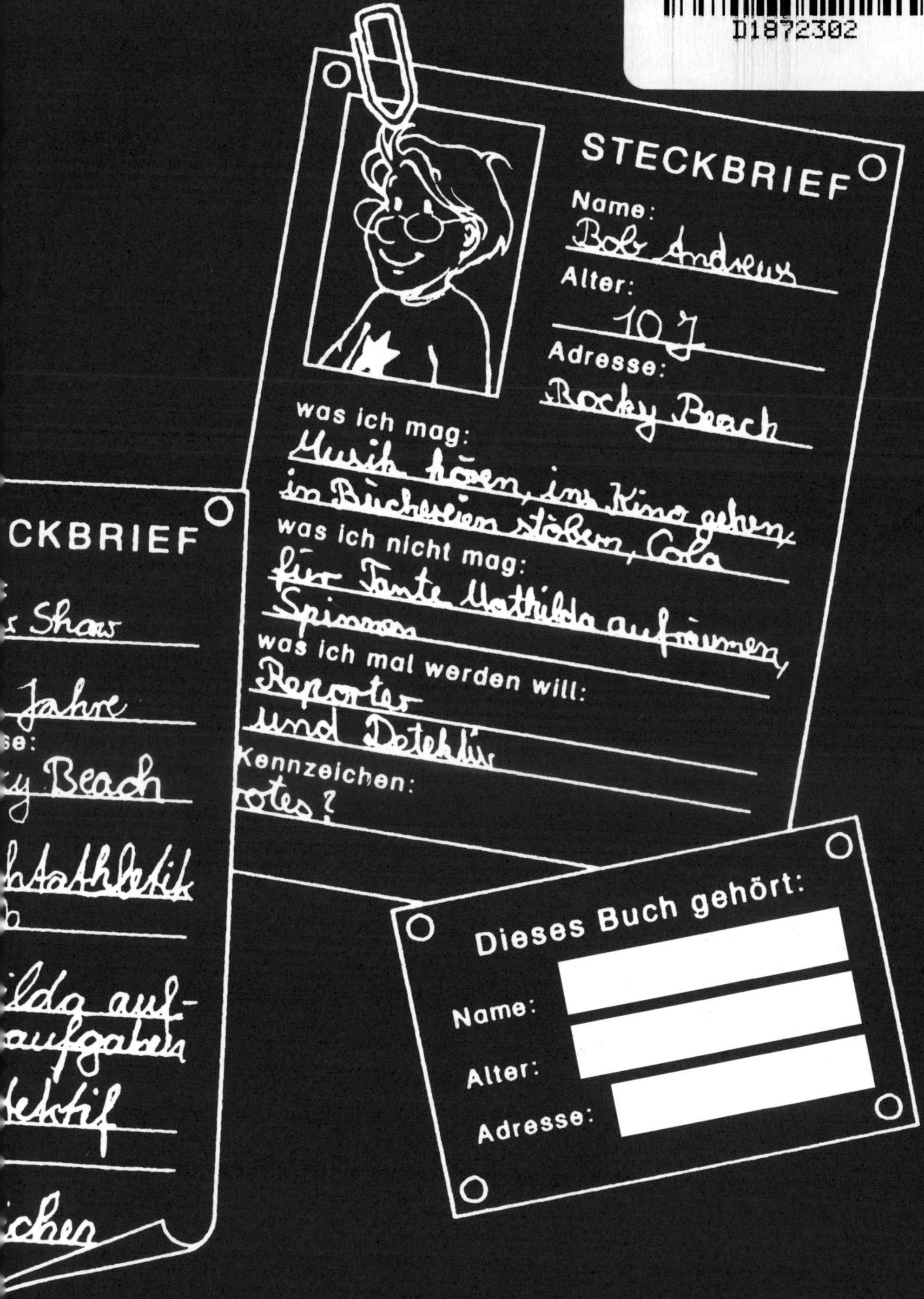
STECKBRIEF
Name:
Bob Andrews
Alter:
10 J.
Adresse:
Rocky Beach
was ich mag:
Musik hören, ins Kino gehen, in Büchereien stöbern, Cola
was ich nicht mag:
für Tante Mathilda aufräumen, Spinnen
was ich mal werden will:
Reporter und Detektiv
Kennzeichen:
rotes?
CKBRIEF
Shaw
Jahre
se:
Beach
Dieses Buch gehört:
Name:
Alter:
Adresse:

Die drei ???® Kids

Detektivhandbuch

Die drei ???® Kids

Detektivhandbuch

Die besten Tricks von Justus, Peter und Bob

Erzählt von Ulf Blanck

Mit Illustrationen von Jan Saße

KOSMOS

Illustrationen: Jan Saße, Horgenzell
Umschlaggestaltung: Atelier Reichert, Stuttgart
Innenlayout: DOPPELPUNKT, Stuttgart

Unser gesamtes lieferbares Programm und viele weitere Informationen zu unseren Büchern, Spielen, Experimentierkästen, DVDs, Autoren und Aktivitäten findest du unter **kosmos.de**

FSC
www.fsc.org
MIX
Papier aus verantwortungsvollen Quellen
FSC® C083411

Gedruckt auf chlorfrei gebleichtem Papier.

ISBN 978-3-440-12487-1
Redaktion: Ulrike Leistenschneider
Produktion: Verena Schmynec
Satz: DOPPELPUNKT, Stuttgart
Printed in the Czech Republic / Imprimé en République tchèque

Inhaltsverzeichnis

1. Trick: Abhörsicher

Justus Jonas fuhr mit seinem Rad die Küstenstraße entlang und wischte sich den Schweiß aus dem Gesicht. An diesem Tag war es besonders heiß. Er bog in einen holprigen Weg ab und musste den Rest der Strecke schieben. Dann war er endlich da und stellte sein Rad an der Kaffeekanne ab – dem Geheimversteck der drei ???.
Eigentlich war es ein ausgedienter Wassertank für alte Dampflokomotiven. Er thronte wie ein dickes Fass auf einer Konstruktion aus Holzbalken. Von unten führte eine rostige Eisenleiter nach oben. Justus kletterte hinauf und klopfte gegen die verschlossene Holzluke. »Hallo!«, rief er erschöpft. »Ich bin's. Macht auf!« Aus der Kaffeekanne hörte man dumpf eine Stimme. Es war Bob. »Wer ist da? Nenn uns das Kennwort!« Justus war genervt. »Was soll das? Wir hatten noch nie ein Kennwort für die Kaffeekanne. Bob! Peter! Nun macht schon auf!«
Endlich öffnete sich die schmale Holzklappe und Bob schob grinsend seinen Kopf durch die Öffnung. »Hi, Just! Um sicherzugehen, dass keine Fremden hier reinkommen, sollten wir uns vielleicht mal eine abhörsichere Gegensprechanlage bauen. Vielleicht ein Dosentelefon?«
Jetzt kam auch Peter zum Vorschein und musste lachen. »Tolle Idee! Mit eingebautem Anrufbeantworter und verschiedenen Klingeltönen?«

So baust du ein Dosentelefon

Das mit den Klingeltönen war natürlich nur ein Witz von Peter. Aber so ein Dosentelefon hat tatsächlich eine Menge Vorteile: Es benötigt keinen Akku, kostet nichts und es macht Spaß. Außerdem lässt es sich ganz leicht bauen.

Und so geht's:

1. Die geöffneten Dosen werden ausgespült. Falls die Kante sehr scharf ist, überklebst du sie am besten mit einem Streifen Klebeband. In jede Dose schlägst du nun mit einem Nagel und Hammer ein Loch in die Mitte des Dosenbodens.

2. Jetzt nimmst du eine lange Schnur und fädelst sie jeweils durch das Loch der Dosen. Anschließend machst du in die Schnur einen dicken Knoten, sodass sie nicht mehr rausrutschen kann.
3. Und schon könnt ihr telefonieren: Geht mit den Dosen so weit auseinander, bis die Schnur richtig schön straff wird. Immer wenn der eine in die Dose spricht, hält der andere die Dose ans Ohr.
   Die Stimme klingt witzig, oder?

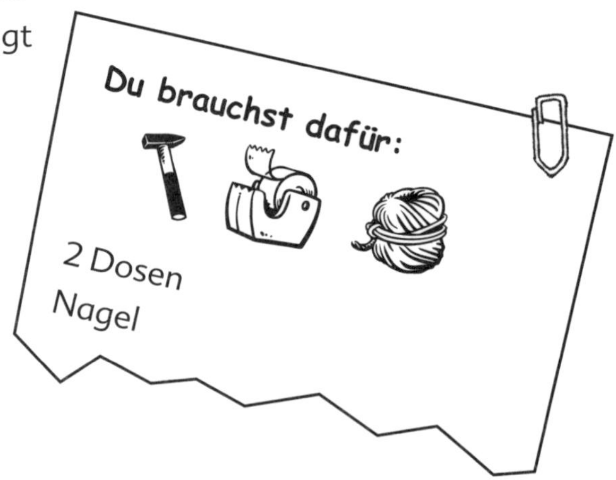

Wie funktioniert das eigentlich?

Ein Dosentelefon ist kein Zaubertrick, sondern ganz leicht zu erklären. Alle Geräusche und auch die Stimme werden durch Schallwellen übertragen. Die Wellen werden durch die Dose in die Schnur geleitet und bringen auf der anderen Seite den Dosenboden in Schwingung.

Übrigens ...
gab es das erste Handy 1983. Es wog fast ein Kilo und war größer als eine Milchtüte.

Zum Glück besaßen die drei ??? in der Kaffeekanne alles, was man für den Bau eines Dosentelefons gebrauchen konnte. So einiges hatte sich im Laufe der Zeit in alten Kisten angesammelt. Justus war da wie sein Onkel Titus: Er konnte nichts wegschmeißen. Die Idee von Bob hatte Justus sofort begeistert. Ein Dosentelefon gehörte zwar nicht gerade zu den neuesten Erfindungen, doch es war eine einfache Methode, um garantiert abhörsichere Gespräche zu führen.

Es dauerte nicht lange und die drei hatten aus einer Schnur und zwei leeren Blechdosen ihr Dosentelefon zusammengebaut. Peter zog die Schnur straff und rief in die Dose hinein: »Eins, zwei, Test! Könnt ihr mich hören?« Bob fing an zu lachen. »Natürlich kann ich dich hören. Du sitzt direkt neben mir. Wir müssen unser Telefon am besten einmal draußen ausprobieren. Ich werde eine längere Schnur nehmen.« Justus fand noch eine weitere Dose. »Gute Idee. Und dann können wir gleich eine dritte Dose einbauen und mit der Schnur verbinden. Die Schnüre bilden so ein Kreuz und eine Dreierkonferenz ist möglich.«

Kurz darauf standen sie alle vor der Kaffeekanne und testeten ihr neues Dosentelefon. Abwechselnd sprachen die drei in die Dosen hinein und hielten sie sich anschließend ans Ohr.

»Cool!«, lachte Peter. »Besser als jedes Handy. Kostet ja schließlich keinen Cent Gebühren.«

2. Trick: Wer spricht denn da?

Das Dosentelefon funktionierte wirklich ausgezeichnet.
»Okay, wir haben ein abhörsicheres Telefon«, sagte Justus. »Aber was machen wir, wenn wir nicht wollen, dass jemand unsere Stimme erkennt?«
Bob wickelte die Schnur seines Dosentelefons auf und kam langsam auf Justus zu. »Wieso willst du, dass niemand deine Stimme erkennt?«
»Na, überleg doch mal! Wenn ein Detektiv zum Beispiel versucht, geheime Informationen herauszubekommen. Dann ist es manchmal nicht schlecht, wenn er unerkannt bleibt.«
»Stimmt«, sagte Peter. »Erpresser am Telefon versuchen auch, ihre Stimme zu verstellen. Zum Beispiel so«, er hielt sich die Nase zu und redete weiter, »dann klingt man ganz anders.«
Bob fing an zu lachen. »Das hört sich bei dir eher an wie ein Elefant mit Schnupfen. Man könnte sich auch mit zwei Fingern die Backen auseinanderziehen.« Justus legte sein Dosentelefon beiseite. »Du siehst aus wie ein Frosch.«
Peter nahm wieder die Finger von der Nase.
»Der Wolf bei Rotkäppchen hat Kreide gefressen. Danach soll seine Stimme sanfter geklungen haben.«
»Das ist Blödsinn«, unterbrach ihn Justus. »Rotkäppchen ist ein Märchen und die Sache mit der Kreide auch. Ich kenne aber noch ein paar andere Tricks.«

So kannst du deine Stimme verstellen

Justus hat recht: Manchmal sollte ein Detektiv unerkannt bleiben und muss am Telefon seine Stimme verstellen. Und dafür gibt es ein paar gute Tricks:

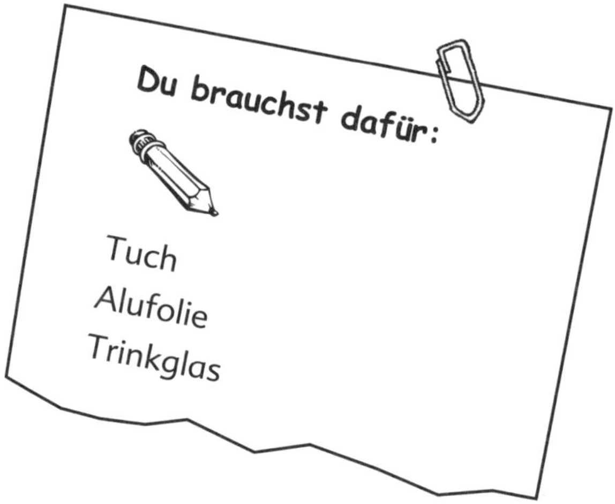

1. Am einfachsten ist es, wenn du ein Tuch über das Telefon legst. Sprichst du nun ins Mikrofon des Telefons, klingt deine Stimme sehr dumpf und viel tiefer.
2. Nimm etwas in den Mund und versuche, damit zu sprechen. Ein Bleistift zwischen den Zähnen bewirkt Wunder.

3. Oder du sprichst nicht direkt in den Hörer, sondern in ein Glas, welches du direkt danebenhältst. Hört sich merkwürdig an, oder?

4. Spannend wird es mit einem Stückchen Alufolie. Spreize deinen Zeige- und Mittelfinger zu einem V. Dann legst du die Folie wie eine Art Mütze darüber. Versuch nun, beim Sprechen ganz leicht mit den Lippen die Alufolie zu berühren. Plötzlich beginnt es an den Lippen zu kitzeln und deine Stimme scheppert wie ein kaputter Lautsprecher. Nicht aufgeben, wenn es nicht gleich beim ersten Mal klappt.

Wusstest du …
dass man seine Stimme auch mit einem Computer verstellen kann? So gelingt es manchem schlechten Sänger, trotzdem die Töne zu treffen.

Die drei ??? saßen wieder in ihrer Kaffeekanne und probierten verschiedene Tricks aus, um ihre Stimme zu verstellen. Bob hielt sich die Alufolie vor die Lippen. »Den Trick finde ich am besten. Es kitzelt zwar etwas, aber die Stimme klingt wirklich völlig anders.« Justus fand eine halb volle Kekspackung und stopfte sich gleich vier Stück in den Mund. »Für mich ist dieser Trick der beste«, sagte er und war kaum zu verstehen. »Mit vollen Backen ist die Stimme verstellt und man wird auch noch satt dabei.«

Seine beiden Freunde lachten und Peter klopfte Justus auf den Bauch. »Stimmt. Und wenn man so viele Kekse isst wie du, dann braucht man sich auch nicht mehr zu verkleiden. Der dicke Bauch wächst nämlich von allein.«

Justus schluckte den letzten Keks runter. »Ich bin nicht dick!«, rief er genervt. »Ich bin nur zu klein für mein Gewicht.«

Die Sonne stand jetzt senkrecht am Himmel und in der Kaffeekanne wurde es immer heißer. Bob fächelte sich Luft zu. »Schade eigentlich, dass in dem Wasserspeicher kein Wasser mehr ist. Dann hätten wir hier einen schönen Pool gehabt.«

3. Trick: Betreten verboten!

Bob lehnte sich zurück und betrachtete die Kaffeekanne. »Da hat sich wirklich ganz schön was angesammelt«, bemerkte er. »So langsam haben wir alles, was ein Detektiv braucht. Und jetzt weiß ich auch, was hier so stinkt: Das ist die Wurstkerze*, die wir uns einmal aus einer fettigen Salami gebaut haben. Da oben im Regal. Igitt!« Justus nahm noch einen Keks. »Das Wichtigste für einen Detektiv ist ein spannender Fall. Leider sieht es heute nicht danach aus.«
Plötzlich nahm Bob eine Lupe und hielt sie sich dicht vor sein Auge. »Na ja, wer weiß? Vielleicht lauert unter der Kaffeekanne schon eine Horde Einbrecher? Und womöglich waren die schon irgendwann mal hier drin?« Peter beugte sich erschrocken nach vorn. »Wie? Hier sollen Einbrecher gewesen sein? Das hätten wir doch mitbekommen. Niemals!«
Justus knetete mit Daumen und Zeigefinger seine Unterlippe. »Woher willst du das so genau wissen? Wir haben ja nicht einmal ein Schloss an der Bodenklappe.«
»Und was schlägst du vor?«, fragte Peter irritiert. »Willst du hier eine Überwachungskamera einbauen?«
»Nein, um sein Zimmer zu sichern, gibt es ein paar einfachere und günstigere Tricks als Kameras.«

---

*siehe auch Band 7: »Gruft der Piraten«

So sicherst du dein Zimmer

Waren etwa Einbrecher in deinem Zimmer? Oder wollten deine Geschwister sich mal wieder in Ruhe hier umsehen? Das herauszufinden ist kein Problem – auch wenn du keine Überwachungskamera hast.

Du brauchst dafür:

Haare
Streichholz
Münze

Und so geht's:

1. Erster Trick: Du nimmst ein Haar und klebst es mit zwei winzigen Stückchen Klebefilm von außen zwischen Tür und Türrahmen. Es funktioniert auch, wenn du das Haar etwas anfeuchtest. Wenn jemand in dein Zimmer möchte, wird er das Haar garantiert nicht bemerken. Und wenn es weg ist, weißt du: Jemand hat es gewagt, deine Tür zu öffnen, und hat in deinem Zimmer herumgeschnüffelt.

2. Zweiter Trick: Genauso gut funktioniert es mit einem Streichholz. Stelle es am Türscharnier senkrecht auf. Ist es umgefallen, bedeutet das: Alarm – Einbruch in deinem Zimmer!

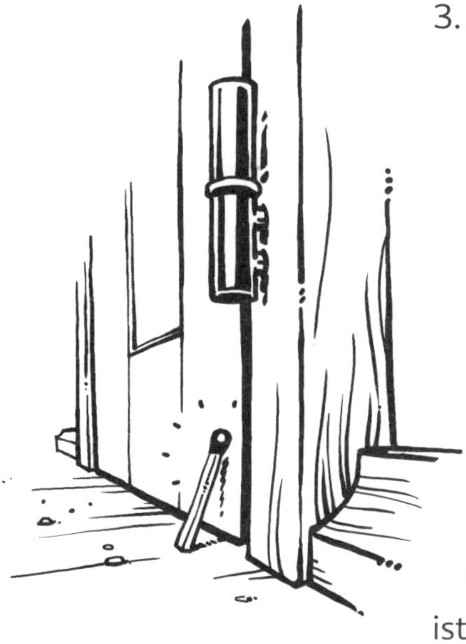

3. Willst du wissen, ob jemand an deinem Geldbeutel war oder ob einer dein Tagebuch gelesen hat? Dann lege einen kleinen Gegenstand obendrauf und merke dir genau die Position. Gut funktioniert es zum Beispiel mit einer 1-Cent-Münze. Merke dir die Richtung, in die der Strich der 1 führt. Ein Spion wird die Münze nie wieder so hinlegen können und ist so schnell enttarnt.

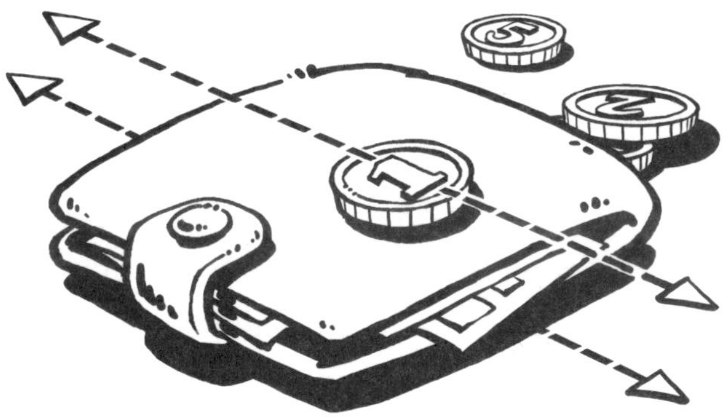

Übrigens ...
ist der dümmste Einbrecher der Welt durch einen Schornstein geklettert und dort steckengeblieben. Er musste von der Feuerwehr gerettet werden.

Bob streckte seine Hand in Richtung Peter aus. »Alles klar. Dann brauchen wir nur noch ein paar Haare. Peter hat genug davon. Ich werde ihm einige rausreißen.«
»Hast du einen Knall?«, schimpfte dieser. »Reiß dir doch selbst welche aus. Ich hab aber noch eine andere Idee, wie man feststellen kann, ob sich in einem Raum etwas verändert hat.«
Justus sah ihn interessiert an. »Da bin ich mal gespannt.«
»Okay, es ist eigentlich ganz einfach. Man muss sich nur genau einprägen, wie der Raum aussah. Das können Menschen, die eine Art fotografisches Gedächtnis haben.«
»Na klar«, tönte Justus. »So ein Gedächtnis hab ich auch.«
Peter schien einen Plan zu haben. »Gut, dann schließe für einen Moment die Augen, und Bob und ich werden etwas umstellen. Ich bin gespannt, ob du es herausbekommst.«
»Kein Problem. Das ist eine meiner leichtesten Übungen.«
Dann schloss Justus die Augen und bemerkte nicht, wie Peter Bob was ins Ohr flüsterte. »Kannst die Augen wieder aufmachen!«, grinste Bob.

Minutenlang sah sich Justus in der Kaffeekanne um. Dann gab er auf. »Ich kann absolut nichts entdecken. Ihr habt gewonnen. Nun sagt schon! Was habt ihr umgestellt?« Peter fing an zu lachen und konnte kaum wieder aufhören. »Ganz einfach, Just: Bob und ich haben die Plätze getauscht.«

4. Trick: Einbrecherschreck

Justus konnte darüber gar nicht lachen. »Wie witzig! Natürlich habe ich das bemerkt. Ich möchte mal wissen, ob ihr auch noch grinst, wenn ein richtiger Einbrecher in der Tür steht.«
Peter hatte sich immer noch nicht beruhigt. »Ich würde dem Einbrecher mitteilen, er soll so lange warten, bis ich Kommissar Reynolds angerufen habe«, tönte er.
»Das musst du gerade sagen, Peter. Du bist doch der größte Angsthase. Wenn der Einbrecher erst einmal da ist, dann ist es zu spät. Was wir brauchen, ist ein Einbrecherschreck.«
»Einbrecherschreck?«, wiederholte Bob verwundert. »Was soll das denn sein?«
Justus war jetzt ganz in seinem Element. »Das kann alles Mögliche sein. Ein Hund zum Beispiel. Wenn man aber keinen Hund hat, dann tut es auch ein einfacher Luftballon.«
Nun wurde auch Peter neugierig. »Wie willst du denn mit einem stinknormalen Luftballon einen Einbrecher verjagen?«
»Ganz einfach: Man pustet ihn auf und befestigt ihn mit einem Klebeband vor der Tür auf dem Boden. An die Tür selbst kommt eine spitze Nadel. Öffnet nun der Einbrecher die Tür, zersticht die Nadel den Ballon, es knallt wie eine Pistole und der Gangster rennt davon.«

So baust du eine Alarmanlage

Wie kann man einen Einbrecher so erschrecken, dass er ganz schnell davonläuft? Na klar, indem es schön laut knallt. Darum funktioniert der Einbrecherschreck mit einem Luftballon sehr gut.

Du brauchst dafür:

Luftballon
Nadel

Und so geht's:

1. Du nimmst einen Luftballon, pustest ihn schön groß auf und knotest ihn zu.

2. Den Ballon befestigst du mit einem Stückchen Klebefilm so am Fußboden, dass die geöffnete Tür dagegenstößt.
3. An die Tür wiederum heftest du mit dem Klebefilm eine kleine Nadel. Die Nadel muss so positioniert sein, dass sie mit der geöffneten Tür genau den Ballon trifft. Jetzt brauchst du nur noch zu warten, bis der Einbrecher (oder eines deiner nervigen Geschwister) kommt und – *peng!*

Hättest du gedacht ...

dass viele Einbrüche gar nicht in der Nacht geschehen, sondern am helllichten Tag? Rund ein Drittel aller Einbrüche geschehen tagsüber. Aber sehr viele scheitern auch, weil das Haus gut gesichert ist.

»Wirklich nicht schlecht, der Trick«, staunte Bob. »Ich finde, wir sollten die Sache mit dem Luftballon einmal ausprobieren.«
Peter sah sich um. »Einen Luftballon haben wir. Doch mit einer Tür sieht es schlecht aus.«
»Wieso? Natürlich haben wir eine Tür! Die Klappe von der Kaffeekanne. Pass auf: Du tust gleich so, als wärst du ein Einbrecher. Justus und ich bauen die Alarmanlage auf.«
Peter war einverstanden. »Okay. Ich klettere raus. Hier drin wird es mir sowieso langsam zu heiß.«
Kaum war er durch die Bodenklappe verschwunden, kramte Bob einen Luftballon aus einem der vielen Kartons. Doch anstatt ihn aufzupusten, stülpte er den Ballon über eine Wasserflasche aus Plastik und drückte so das Wasser in den Ballon. »Das ist eine 1 a Wasserbombe«, flüsterte er.
Justus sah ihn verwundert an. »Was hast du vor?«
»Peter hat doch gerade gesagt, dass ihm heiß ist. Den Ballon lege ich auf die Klappe und an der Seite wird diese Nadel befestigt. Peter öffnet die Luke und – *peng* – bekommt er eine Dusche. Das vertreibt jeden Einbrecher.«

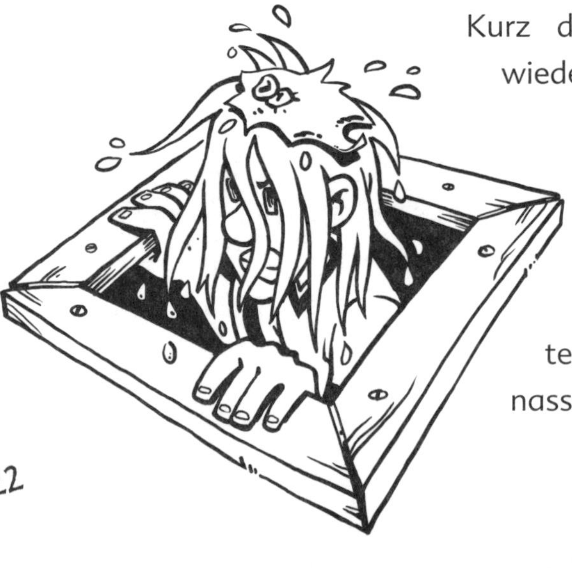

Kurz darauf kletterte Peter wieder nach oben und es geschah alles genauso, wie Bob es geplant hatte.
»Das bekommt ihr zurück!«, schnaufte Peter und schüttelte seine nassen Haare.

5. Trick: Um die Ecke gucken

In der Kaffeekanne wurde es immer heißer und Bob wischte sich den Schweiß von der Stirn. »Wird Zeit, dass wir hier eine Klimaanlage bekommen. Mein Gehirn vertrocknet gleich.«
Justus musste grinsen. »Na, da kann ja nicht viel vertrocknen. Die kleine Erbse.« Bob fand das gar nicht lustig. »Justus' Superhirn ist natürlich so groß wie ein Kühlschrank.«
Plötzlich zuckte Peter zusammen. »He! Da draußen ist doch was?« Jetzt bemerkten die anderen es auch. In unmittelbarer Nähe ihres Geheimverstecks hörte man sehr seltsame Geräusche. Peter sah sich ängstlich um. »Was ist das? Also ich steck nicht meinen Kopf durch die Luke und guck raus.«
Bob stand auf und presste sein Ohr gegen die Holzwand. »Wir müssten ein Periskop in der Kaffeekanne haben. Wie in einem U-Boot. Das schieben wir dann durchs Dach und können um die Ecke nach draußen sehen. Eine perfekte Überwachungsanlage. Wir sehen alles — aber uns sieht niemand.« Als die Geräusche langsam verschwanden, setzte Peter sich wieder hin. »Ich hab mich schon immer gefragt, wie eigentlich so ein Periskop funktioniert. Ich meine, wie kann man um die Ecke gucken?« Justus wühlte daraufhin in einer der vielen Kisten. »Hier, mit diesem alten Milchkarton können wir uns schnell ein Periskop selber bauen.«

So baust du ein Periskop

Für einen guten Detektiv ist es manchmal wichtig, heimlich etwas zu beobachten. Aber wie will man zum Beispiel in ein Fenster sehen und dabei selbst unerkannt bleiben? Schön wäre es da natürlich, wenn man um die Ecke gucken könnte. Und das funktioniert wunderbar mit einem Periskop.

So ein Periskop kannst du ganz leicht selbst bauen. Alles, was du benötigst, sind ein langer Pappkarton und zwei kleine Taschenspiegel. Hier zeigen dir die drei ???, wie man ein Periskop aus einem leeren Milchkarton basteln kann.

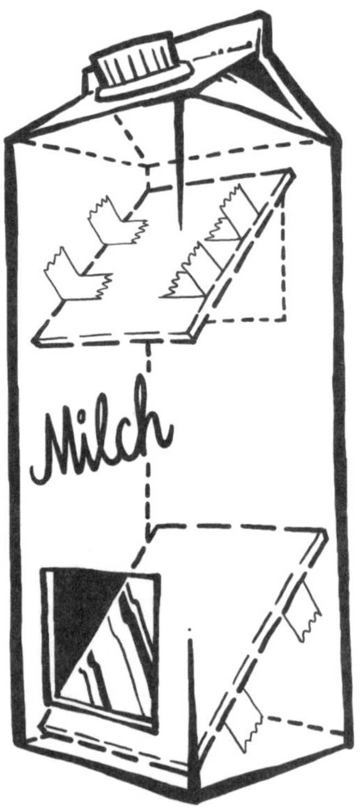

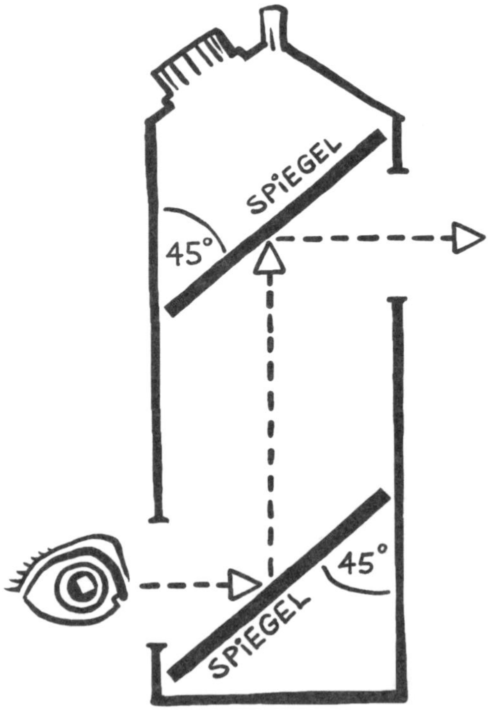

Du brauchst dafür:

Milchkarton
2 Taschenspiegel
Geodreieck

Und so geht's:

1. Wie in der Zeichnung schneidest du zwei Gucklöcher in den ausgewaschenen Karton. Eins unten und eins oben, sodass sie gegenüberliegen.
2. Jetzt vorsichtig den Karton auf beiden Seiten öffnen, damit du die Spiegel befestigen kannst. Hier eigenen sich kleine Taschenspiegel.
3. Wie in der Zeichnung zu sehen, befestigst du die Spiegel mit Klebefilm hinter den geschnittenen Gucklöchern. Und zwar genau in einem Winkel von jeweils 45 Grad. Am besten nimmst du dafür ein Geodreieck.
4. Wenn du jetzt in das Loch guckst, wird dein Blick von den Spiegeln umgelenkt und du siehst auf der anderen Seite wieder raus. Nicht ärgern, wenn es nicht gleich beim ersten Mal klappt! Die Spiegel müssen dann etwas korrigiert werden. Viel Spaß beim »Um-die-Ecke-Gucken«!

Übrigens ...
kommt der Name *Periskop* aus dem Griechischen und bedeutet so viel wie »drum herum beobachten«.

Die drei ??? mussten einige Male die Spiegel neu ausrichten, dann funktionierte ihr selbst gebautes Periskop bestens. Bob öffnete die Klappe, durch die man von unten in die Kaffeekanne einsteigen konnte. »So, jetzt will ich endlich wissen, wer da diese seltsamen Geräusche gemacht hat.«

Peter wich ein Stück zurück. »Also, so genau will ich das gar nicht wissen.« Plötzlich hörten sie es wieder. Hastig schob Bob die eine Seite des Periskops nach unten und blickte durch das ausgeschnittene Guckloch. »Da! Ich kann was sehen. Leider nur alles auf dem Kopf.« Peter schlug sich gegen die Stirn. »Oh Mann! Na und? Mir ist es egal, ob es auf dem Kopf steht. Was ist es?«

Bob kam grinsend wieder hoch. »O. k, es ist ein Wesen mit scharfen Zähnen, blitzenden Augen und einem langen Schwanz.« Peter musste schlucken. »Ein Wesen?«

»Ja, und in der Fachsprache sagt man auch Katze dazu.«

Jetzt musste er laut lachen. »Die hat unten mit einer alten Blechdose gespielt. Das Rätsel der unheimlichen Geräusche ist gelöst. Dank unseres neuen Periskops.« Seine beiden Freunde fingen nun auch an zu lachen und Justus stellte das Periskop in das selbst gebaute Regal. »Sehr gut. Der Fall ›Katzenalarm‹ kommt hiermit zu den Akten.«

6. Trick: Alles verschwommen

Plötzlich hatte Justus eine Idee. »Da wir gerade mit dem Periskop beim Thema *Gucken* sind, fällt mir was ein.«
Peter grinste ihn an. »Ich kann mich an keinen Moment erinnern, wo dir mal nichts eingefallen ist.« Justus schien das überhört zu haben. »Wenn zum Beispiel Bobs Brille beschlägt und man nicht mehr durchgucken kann, ist es einfach: Man wischt sie mit einem Tuch sauber. Doch wie kann man es schaffen, durch Milchglas zu sehen?«
»Milchglas?«, wiederholte Bob. »Glas aus Milch? Was soll das denn Verrücktes sein?«
Justus klärte ihn auf. »Nein, man nennt es nur so. Das ist dieses trübe Glas, durch das man nicht richtig durchblicken kann – so wie ein leer getrunkenes Glas Milch. Die Milchreste machen das Glas im wahrsten Sinne des Wortes milchig. Bei Milchglas ist es ähnlich, nur dass da keine Milchreste dranhängen, sondern die Glasfläche ist auf einer Seite leicht angeraut.« Bob grinste. »Ich wüsste, wie man durch so eine Scheibe gucken kann: Man nimmt einen Stein und schmeißt sie kaputt.« Bob und Peter kringelten sich vor Lachen. Doch Justus ließ sich davon nicht beirren. »Und ihr wollt Detektive sein? Stellt euch vor, ihr müsstet einen Dieb von außen durch so eine Milchglasscheibe beobachten. Zum Glück gibt es genau dafür einen Trick.«

So kannst du durch Milchglas gucken

Da kann Bob sich noch so viele Brillen aufsetzen – durch eine Milchglasscheibe wird er dennoch nicht gucken können. Aber bevor man jetzt einfach die Scheibe einschmeißt, gibt es einen besseren Trick. Denn oft ist Detektiven der Blick genau durch solche undurchsichtigen Glasscheiben versperrt.

Und so geht's:

1. Du nimmst ein Stück durchsichtigen Klebefilm und drückst den Streifen ganz fest gegen die Milchglasscheibe. Am besten ist es, wenn du mit dem Fingernagel noch einmal alles richtig glatt streichst. Achtung: Es funktioniert nur, wenn der Klebefilm auf die raue Seite der Scheibe kommt.
2. Jetzt musst du nur noch sehr dicht an deine präparierte Scheibe gehen und genau durch die Stelle mit dem Klebestreifen blicken.
3. Zauberei? Plötzlich kannst du mit einigermaßen klarem Blick durch die Scheibe gucken. Nichts bleibt dem Detektiv verborgen.

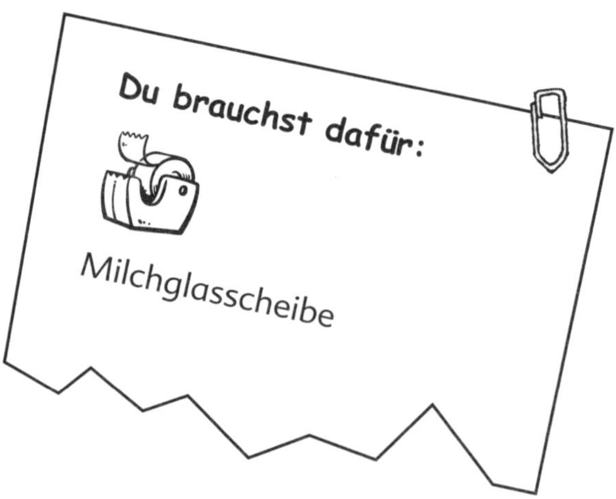

Wie funktioniert das eigentlich?

Natürlich ist das keine Zauberei, denn der Trick lässt sich gut erklären. Die raue Oberfläche der Milchglasscheibe bricht das Licht und alles ist verschwommen. Mit dem Klebefilm wird die raue Fläche geglättet und man kann wieder alles scharf erkennen.

Wusstest du ...

dass sich das Licht mit einer Geschwindigkeit von ungefähr 300.000 Kilometern pro Sekunde ausbreitet? Das ist schneller, als du blinzeln kannst! Manche Sterne sind aber so weit von der Erde entfernt, dass es trotzdem sehr lange dauert, bis ihr Licht bei uns ankommt. Es kann sogar passieren, dass ein Stern schon erloschen ist, wir ihn aber trotzdem sehen können, weil sein Licht noch unterwegs zu uns ist.

Die drei ??? fanden in einer ihrer vielen Kisten eine kleine Scheibe aus Milchglas. Sie hatte einmal zu einer alten Laterne gehört. Justus nahm einen Streifen Klebeband und drückte ihn fest auf das Glas. »Perfekt! Der Trick klappt. Man kann wunderbar durch die Scheibe blicken.«
Auch Peter war erstaunt. »Das hätte ich nicht gedacht. Jetzt bräuchten wir nur noch einen Trick, um durch Wände zu gucken.« Bob war von der Idee begeistert. »Du meinst einen Röntgenblick? Ja, das wäre wirklich cool. Dann würde ich mich einfach draußen vors Kino stellen und könnte umsonst den ganzen Film gucken.«
Peter lachte. »Genau. Und man wüsste immer, ob noch eine Flasche Cola im Kühlschrank ist.«
Justus legte die Glasscheibe zurück in den Karton. »Was redet ihr wieder für einen Quatsch. Niemand kann durch Wände gucken. Ich bin schon ganz erstaunt, dass es mit einer Milchglasscheibe funktioniert. Und alles nur mithilfe eines Stücks Klebefilm.«

Bob war genervt. »Der große Justus Jonas mal wieder ganz ernsthaft. Den ganzen Tag kommen nur schlaue Sprüche aus seinem Mund. Aber ich hab noch eine Idee, was man alles mit einem Klebefilm anfangen kann.« Sekunden später hatte Justus zwei Streifen Klebefilm über dem Mund und Bob klatschte vergnügt in die Hände. »Meine Erfindung: *Der Justus-zum-Schweigen-bring-Trick.*«

7. Trick: Geheime Botschaften

Justus löste die Klebestreifen von seinem Mund und klebte sie Bob auf die Brille. »Wenn du mich nicht hören willst, gibt es einen einfacheren Trick: Steck dir die Finger in die Ohren.« Jetzt mischte sich Peter ein. »Hört auf mit dem Blödsinn! Ich finde die Tricks von Just gut. Wir könnten eigentlich mal alle Tricks aufschreiben und in einem Buch sammeln.« Justus grinste ihn an. »Dann würden wir ja unsere besten Tricks verraten? Nee, nee, die behalten wir schön für uns. Ich habe mir übrigens was ausgedacht, wie wir uns in Zukunft geheime Botschaften senden können. Zum Beispiel, wo und wann wir uns verabreden.« Bob hatte mittlerweile wieder freie Sicht. »Wieso? Wir rufen uns an und verabreden uns.« »Hast du noch nie einen Krimi gesehen?«, unterbrach ihn Peter. »Dann weiß man doch, dass andauernd Telefone von Gangstern abgehört werden. Ich würde gern wissen, was sich Just ausgedacht hat.« Justus zog ein Fahrradschloss aus einem der Kartons. »Dieses Schloss kann man mit einer Zahlenkombination öffnen. Und wenn ich es geöffnet habe, wie jetzt, dann sieht man diesen kleinen Zapfen. Auf diesen Zapfen kann man einen klitzekleinen Zettel kleben. Zum Beispiel: Treffen 12 Uhr Kaffeekanne. Ich schließe wieder das Schloss und wir hängen es irgendwo in der Stadt um einen Laternenmast. Niemand kann das Schloss jetzt mitnehmen. Da nur wir drei die Kombination des Zahlenschlosses kennen, kann jeder von uns es zu jeder Zeit öffnen und die geheime Botschaft lesen. Genial, oder?«

So liest niemand eure Nachrichten

Justus ist sehr stolz auf den Trick, den er sich ausgedacht hat. Kann er auch, denn er ist einfach und noch niemand hat ihn ausprobiert. Hier noch mal sein Trick in Einzelschritten:

Du brauchst dafür:

Fahrradschloss
Aufkleber
wasserfesten Stift

1. Als Erstes musst du dir ein einfaches Zahlenschloss besorgen. Vielleicht findest du eins im Keller oder in der Garage. Wichtig ist natürlich, dass du auch den geheimen Schloss-Code weißt. Bei den meisten Schlössern ist es eine dreistellige Zahl. Falls du den Code nicht weißt, brauchst du ein wenig Geduld: Du musst alle möglichen Zahlencodes ausprobieren.
2. Ist das Schloss offen, siehst du einen schmalen Zapfen, der ins Schloss geführt wird. Auf diesen Zapfen kannst du nun ein schmales Stück Papier kleben. Schneide hierfür zum Beispiel einen Aufkleber in dünne Streifen. Auf diesen Streifen notierst du mit einem wasserfesten Stift deine Nachrichten.

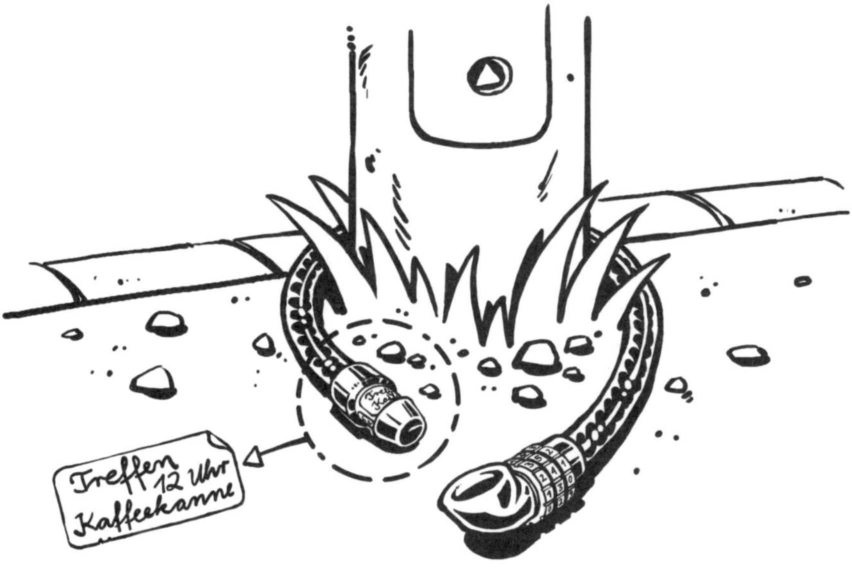

3. Das Schloss wird nun an einen verabredeten Ort gehängt. Natürlich sollten diesen Ort nur die Kollegen aus dem Detektivclub kennen (und den Geheimcode selbstverständlich auch). Gut eignen sich hier Laternenmasten oder Fahrradständer.
4. Jetzt ist dein geheimer Briefkasten fertig und deine Kollegen können regelmäßig die neusten Informationen lesen.

Übrigens ...
gibt es bei einem Zahlenschloss mit einem dreistelligen Zahlencode genau 1.000 Möglichkeiten, es zu öffnen. Und falls du nur auf 999 kommst – die Kombination 000 ist auch möglich.

Peter nahm das Schloss und klebte einen kleinen Papierstreifen auf den Zapfen. »Hey! Das klappt. Wirklich eine coole Idee. Nur diejenigen, die den Zahlencode haben, können das Schloss knacken und die Botschaft lesen. Wir könnten sogar mehrere solcher Schlösser in der Stadt verteilen. Niemand würde vermuten, dass sich in den Fahrradschlössern geheime Botschaften verbergen. Nicht einmal Skinny Norris.«

Bob war auch überzeugt. »Und garantiert abhörsicher. Pech nur, wenn man die Nummer vom Zahlenschloss vergisst.«

Doch dafür hatte Peter diesmal eine Idee. »Da gibt es einen ganz simplen Trick. Man muss sich für jede Zahl etwas ausdenken. Zum Beispiel für die Fünf eine Hand mit fünf Fingern. Für die Null vielleicht Justus' dicken Bauch und für die Sieben ein Salatsieb. Dann könnte man sich zum Beispiel den Geheimcode null, fünf, sieben so merken: Justus nimmt mit einer Hand ein Salatsieb.« Bob fing an zu lachen. »Nicht schlecht. Und ich hätte auch eine Idee, was für die Zahl Drei stehen könnte.«

»Ja? Was denn?«

»Na, wir! Die drei ???.«

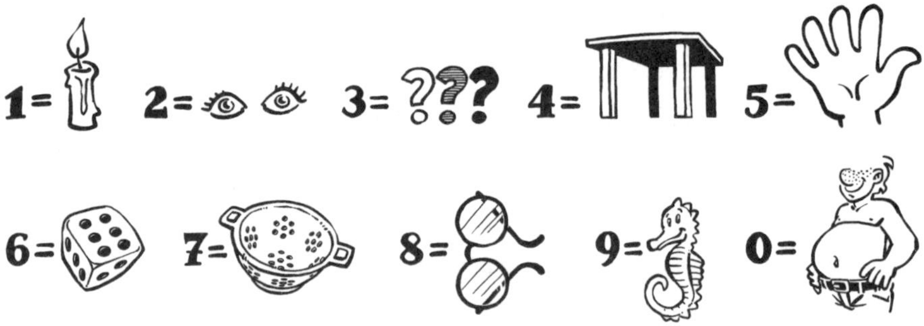

8. Trick: 1001 Verstecke

Die Idee mit dem Fahrradschloss ließ Bob nicht mehr los. »Es ist wirklich wichtig, dass man als Detektiv geheime Verstecke hat. Was wäre, wenn hier in der Kaffeekanne jemand einbricht? Stellt euch vor, wir sind mitten in einem Fall und jemand klaut uns ein wichtiges Beweismittel.«

»Ein Tresor wäre nicht schlecht«, überlegte Peter. Justus schüttelte den Kopf. »Da würde doch jeder zuerst nachsehen. Gangster bekommen jeden Tresor aufgebrochen. Nein, man müsste Verstecke haben, auf die nie im Leben jemand kommt.« Bob sah sich in der Kaffeekanne um. »Hier liegt so viel Zeug herum, dass man eigentlich gar nichts verstecken muss. Wir selbst finden ja kaum was wieder. Wenn wir so weitermachen, dann passen wir hier bald alle drei nicht mehr rein. Wird Zeit, dass wir aufräumen.« Peter zog eine Kiste mit alten Büchern aus dem Regal. »Stimmt. Wir könnten ja Tante Mathilda fragen. Aber danach würden wir die Kaffeekanne wohl nicht mehr wiedererkennen.«

»Das glaube ich auch«, grinste Justus. »Die würde alles wegschmeißen, was nicht an den Wänden angeschraubt ist. Aber wenn ich die alten Bücher hier sehe, fällt mir ein guter Trick für ein Geheimversteck ein.«

So baust du ein Geheimbuch

Es ist wirklich nicht ganz leicht, im Zimmer einen sicheren Geheimplatz zu finden. Was eignet sich am besten als Versteck? Unter dem Bett guckt jeder und Schubladen öffnen ungebetene Gäste als Erstes. Darum ist es gut, wenn man sich kleine Geheimverstecke baut, die andere nicht so leicht entdecken.

Ein Buch hat den Vorteil, dass es zwischen ganz vielen anderen steht. Selbst wenn ein Einbrecher nach einem Buch mit einem Geheimfach sucht – er wird eine Weile brauchen, um das richtige zu finden.

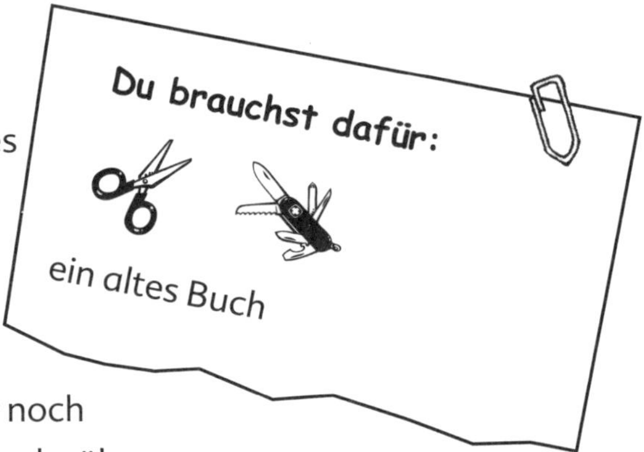

Und so geht's:

1. Du nimmst ein altes Buch, das wirklich niemand mehr lesen möchte. Am besten vergewisserst du dich vorher noch mal in deiner Familie darüber.
2. Du klappst es an einer Stelle auf und beginnst damit, in die Seiten kleine Fenster zu schneiden. Besonders gut gelingt dies mit einem scharfen Messer. Doch hier kann man leicht abrutschen und sich verletzen. Darum solltest du unbedingt deine Eltern einweihen und sie bitten, dir zu helfen! Danach müssen sie das Geheimversteck nur schnell wieder vergessen! Es klappt aber auch gut, wenn du die Seiten mit einer Schere einzeln aufschneidest.

Hättest du gedacht ...
dass das meistgedruckte Buch der Welt mit großem Abstand die Bibel ist? Sie wurde in weit über 400 Sprachen übersetzt.

3. Wenn in viele Seiten so ein Fenster geschnitten wurde, entsteht im Buch ein kleines Fach. Hier kannst du nun wichtige Dinge hineinlegen, die kein anderer finden soll. Vielleicht den Schlüssel für dein Tagebuch?

Vorsichtig schnitt Justus mit einem Taschenmesser die Seiten auf. »So, das müsste reichen. In dem Fach kann man einiges verstecken. Wichtige Hinweise oder sogar einen Schlüssel.«
Bob legte eine halb volle Packung Kaugummi hinein. »Oder eine Notreserve Süßigkeiten. Ich wette, in ein paar Jahren finden wir das Buch wieder und freuen uns über die Kaugummis.«
»Dann werden die so hart sein wie ein Stein«, lachte Peter. »Aber das Versteck ist wirklich gut. Die besten Tricks kann man bestimmt von Schmugglern lernen. Die müssen sich doch auch immer neue Sachen einfallen lassen, um verschiedene Dinge über die Grenze zu schmuggeln.«
Justus nickte. »Stimmt. Für ein gutes Versteck eignen sich viele Gegenstände. Wenn man bei einer Taschenlampe die Batterien rausnimmt, kann man einiges unterbringen. Ich habe mal einen Film gesehen, da hat jemand in seinem hohlen Holzbein geklauten Schmuck versteckt. Allerdings hat das so geklappert, dass die Polizei ihn erwischt hat.«

Bob grinste. »Dann wüsste ich, wo unser Erzfeind Skinny Norris seine Sachen gut verstecken könnte.«
»Wo denn?«
»Na, in seinem hohlen Kopf. Da passt auch einiges rein.«

9. Trick: Ersatzlupe

Plötzlich stand Bob auf und zog eine große Kiste aus dem Regal. »Wisst ihr was? Wir reden die ganze Zeit darüber – ich finde, wir fangen jetzt einfach an mit dem Aufräumen.« Peter packte ihn am Ärmel. »Spielst du jetzt Tante Mathilda, oder was? Wer aufräumt, ist nur zu faul zum Suchen.« Doch Bob ließ sich nicht aufhalten und balancierte den Karton durch die enge Kaffeekanne. Dabei stolperte er über eine kaputte Taschenlampe, verlor das Gleichgewicht und ließ alles fallen. »Vorsicht!«, rief er. »Gerümpel von oben.« Justus konnte in letzter Sekunde den Karton abfangen. »Hast du einen Knall? Ich hab das Ding fast auf den Kopf bekommen. Was ist eigentlich in der Kiste alles drin?« Neugierig fischte er ein verstaubtes Kofferradio heraus. »Das geht auch schon lange nicht mehr. Ich erinnere mich aber an einen Fall, wo wir das gut brauchen konnten*. Und hier ist auch eine unserer besten Lupen. Die wäre garantiert zu Bruch gegangen, wenn ich den Karton nicht aufgefangen hätte.«
Peter putzte die Lupe sauber. »Ein Detektiv ohne Lupe ist wie ein Maler ohne Pinsel.«
»Stimmt«, erwiderte Bob. »Aber es gibt einen Trick, um sich ein Notlupe zu bauen.«

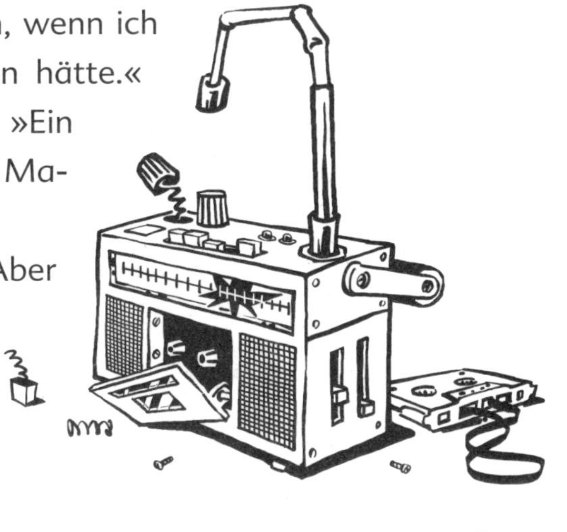

*siehe Band 2: »Radio Rocky Beach«

So baust du dir ein Vergrößerungsglas

Nenne mir einen Gegenstand, den jeder Detektiv braucht. Ganz klar, eine Lupe. Kein guter Detektiv verlässt das Haus ohne sein Vergrößerungsglas. Aber was ist, wenn man sie doch einmal nicht gleich zur Hand hat? Dann hilft Bobs Trick mit der Notlupe:

Du brauchst dafür:

Plastik- oder Pappbecher
Frischhaltefolie
Gummiband
Pinzette

Und so geht's:

1. Du nimmst einen Plastikbecher und schneidest mit einer Schere im unteren Bereich seitlich ein Loch hinein. Etwa so groß wie eine Walnuss.

2. Anschließend nimmst du ein Stück Frischhaltefolie und legst es über die Becheröffnung. Mit einem Gummiband oder Klebefilm befestigst du die Folie am Becherrand.
3. Jetzt schüttest du vorsichtig ganz wenig Wasser auf die Folie. Sieh genau hin: Die Folie wird durch das Gewicht des Wassers ein wenig eingedellt.
4. Was willst du untersuchen? Eine geheimnisvolle Briefmarke oder einen verdächtigen Zigarettenstummel? Nimm eine Pinzette und schiebe den Gegenstand vorsichtig durch das Loch in den Becher.
5. Wenn du nun von oben durch die Folie mit dem Wasser schaust, siehst du plötzlich alles viel größer.

Übrigens ...
wird die Erfindung der Lupe dem arabischen Gelehrten Abu Ali al-Hasan ibn al-Haitham zugeschrieben.

Wie funktioniert das eigentlich?

Das Wasser bildet auf der Plastikfolie eine Art Linse, die nach unten hin leicht gewölbt ist. Und eine Linse ist nichts anderes als eine Lupe. Das Licht wird gebrochen und der Gegenstand erscheint größer.

Schnell hatten die drei ??? die Reservelupe nach Justus' Anweisungen zusammengebaut. Peter legte eine 10-Cent-Münze unter den Becher. »Cool! Das funktioniert tatsächlich. Alles ist größer.« Bob blickte jetzt auch hindurch. »Die Erfindung müsste sich Justus eigentlich patentieren lassen. Die 10 Cent sind mindestens doppelt so groß.«

»Dafür bekomme ich doch kein Patent«, erwiderte Justus.

»Was ist ein Patent überhaupt?«, fragte Peter.

»Wenn jemand etwas erfunden hat und nicht möchte, dass ihm das jemand nachmacht, meldet er ein Patent an. Dann ist seine Erfindung geschützt«, belehrte ihn Justus. »Die Lupe gibt es leider schon. Wenn ich aber damit aus einer 10-Cent-Münze eine 20-Cent-Münze zaubern könnte, dann wäre das neu und patentverdächtig!«

Alle mussten lachen und Bob schüttete sich Wasser in ein Glas ein. »Es gibt übrigens einen Trick, mit dem man noch viel schneller eine Lupe bauen kann. Und es funktioniert auch mit Wasser. Hier!« Neugierig betrachtete Peter das Wasserglas. »Und wie soll das funktionieren?«

Bob nahm die Münze und hielt sie hinter das Glas. »Guckt einmal durch das Wasserglas! Es funktioniert wie die Linse einer Lupe. Wenn ich die Münze leicht hin- und herbewege, sieht man, wie sie größer wird. Mit Wasser kann man einiges machen.«

»Du hast recht«, unterbrach ihn Peter und nahm Bob das Wasserglas aus der Hand. »Zum Beispiel kann man es trinken. Ich bin nämlich am Verdursten. Prost!«

10. Trick: Total unsichtbar

Bob packte alles wieder in die Kiste und schob das Ganze zurück ins Regal. »Okay, vergessen wir die Sache mit dem Aufräumen. Am besten ist es, wir suchen uns irgendwann einmal ein größeres Geheimversteck. Dann passt da auch alles rein.« Peter blickte sich um. »Ja, vielleicht einen alten Wohnwagen. Just, hat dein Onkel nicht so etwas auf seinem Schrottplatz?«
»Onkel Titus hat alles auf seinem Schrottplatz. Und wenn man es nicht sofort findet, dann muss man herumwühlen. Aber die Idee mit dem Wohnwagen ist wirklich nicht schlecht. Eine Kaffeekanne auf Rädern. Wer weiß. Vielleicht finden wir so etwas eines Tages?«
Peter goss sich noch ein Glas Wasser ein. »Mit Wasser kann man wirklich eine ganze Menge Detektivtricks machen. Wusstet ihr, dass man daraus unsichtbare Geheimschriften zaubern kann?«
Justus wurde neugierig. »Unsichtbar? Klingt gut. Aber was hat man davon, wenn man es nicht sehen kann?«
»Das ist ja der Trick«, grinste Peter. »Man muss nur wissen, wie sie wieder sichtbar werden. Passt auf: Ich zeige euch, wie man geheime Wasserzeichen herstellt«.

Du brauchst dafür:

Papier
Schüssel mit Wasser

So erstellst du Wasserzeichen

Gibt es wirklich einen Trick, bei dem mithilfe von Wasser eine Schrift unsichtbar wird? Peter kennt ihn und hat ihn gleich ausprobiert. Auf diese Weise gelingt es den drei ???, unsichtbare Schriften herzustellen. Mit Wasserzeichen lassen sich aber nicht nur geheime Botschaften schreiben, man kann mit diesem Trick auch sein Briefpapier fälschungssicher machen.

Und so geht's:

1. Zunächst musst du ein Blatt Papier in Wasser tauchen und anschließend glatt auf eine harte Oberfläche legen.
2. Dann nimmst du ein trockenes Blatt und legst es darüber. Schreibe jetzt mit einem Bleistift deine Botschaft auf dieses Blatt. Achtung: etwas härter aufdrücken!

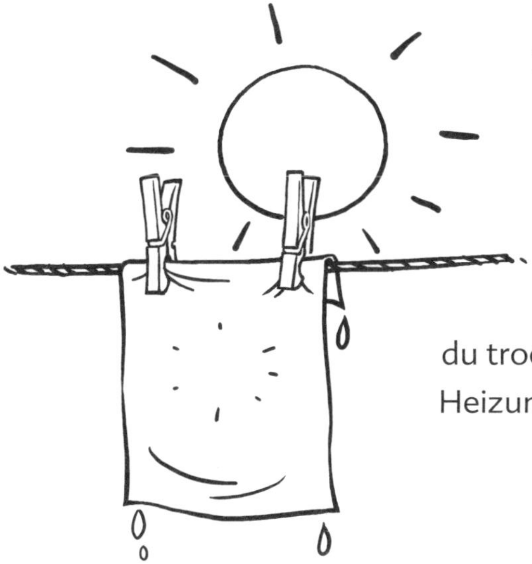

3. Nun ziehst du das obere Blatt ab und schmeißt es weg (niemand soll ja die sichtbare Botschaft zu sehen bekommen). Das nasse Blatt lässt du trocknen. Kleiner Tipp: Auf der Heizung geht es schneller.

4. Wenn das getrocknete Blatt dann wieder in Wasser getaucht wird, erscheint die Schrift wie von Geisterhand als Wasserzeichen.

Wusstest du …

dass du Wasserzeichen auch auf jedem Geldschein erkennen kannst? Dafür musst du einfach den Schein gegen das Licht halten.

In der heißen Kaffeekanne trocknete das Blatt mit der Geheimschrift schnell. Peter hatte drei große Fragezeichen daraufgemalt. Dann tauchte er den Bogen vorsichtig in eine Schüssel mit Wasser. »Seht ihr? Jetzt sind die Fragezeichen wieder sichtbar geworden. Ein richtiger Zaubertrick.« Verblüfft betrachtete Justus das Papier. »Wirklich nicht übel der Trick. Wir könnten so unser eigenes, fälschungssicheres Drei-???-Papier herstellen.«

»Wie meinst du das?«, fragte Bob verwundert.

»Wenn wir uns Botschaften schicken, dann wissen wir eigentlich nie genau, ob es sich um eine Fälschung handelt. Es kann immer sein, dass jemand anderes es geschrieben hat. Wir könnten aber unser Papier jeweils mit einem kleinen Wasserzeichen versehen. Zum Beispiel mit drei kleinen Fragezeichen in der Ecke. Für alle anderen sind die unsichtbar. Um die Echtheit der Botschaft zu überprüfen, brauchen wir nur die Ecke des Papiers kurz nass zu machen. Werden die Fragezeichen sichtbar, ist es echt. Wenn nicht, dann handelt es sich um ein Fälschung.«

»Jetzt bräuchten wir nur noch Tarnkappen«, lachte Bob. »Dann wären wir selbst unsichtbar.«

11. Trick: Doppelt sehen

Peter nahm die Wasserflasche und drehte sie um. »Das war's. Jetzt haben wir den letzten Schluck für die Tricks verbraucht. Beim nächsten Mal müssen wir unsere Vorräte wieder auffüllen. Das Wasser ist alle und die Kekse hat Just aufgefuttert.«

Bob schüttete sich die restlichen Kekskrümel in die Hand. »Man müsste einen Kopierer haben, der nicht nur Zettel vervielfältigt, sondern alles, was man hineinpackt. So eine Art Mikrowelle, die alles verdoppelt. Man legt ein Eis rein, drückt auf einen Knopf und schon liegen zwei drin.«

Auch Justus schien Gefallen an der Idee zu haben. »Ja, das wär's. Eis, Schokolade, Chips, so viel man will. Das müsste wirklich mal jemand erfinden.«

»Dann könnte man auch Menschen kopieren«, überlegte Peter. »Wir würden Justus nehmen und ihn in den Apparat stecken. Eine richtige Justus-Fabrik.«

»Mir reicht einer voll und ganz«, grinste Bob. »Ich kenne aber einen Trick, mit dem man zumindest auf einfache Weise Zeichnungen vervielfältigen kann. Und das ohne Kopierer.«

»Ohne Kopierer?«, staunte Peter. »Wie soll das denn gehen?«

So baust du einen Handkopierer

Einen Justus kann man zum Glück nicht kopieren, doch für alles andere eignet sich der Handkopierer sehr gut. Der Trick ist sehr wirkungsvoll: Man blickt durch eine Scheibe und auf der anderen Seite spiegelt sich das Original wider. Auf diese Weise lässt es sich bequem durchzeichnen. Klingt kompliziert? Ist es aber nicht.

Und so geht es:

1. Besorge dir eine kleine Glasscheibe, etwas größer als dieses Buch. Hier hilft zum Beispiel ein alter Bilderrahmen aus Glas. Falls die Scheibe scharfe Kanten hat, umklebe sie mit Klebeband.

2. Diese Glasscheibe musst du nun aufrecht vor dir auf dem Tisch befestigen. Am besten geht dies mit zwei Holzleisten und Klebefilm. Probiere es aus!

Du brauchst dafür:

Glasscheibe
Papier
Lampe

3. Nun lege auf der einen Seite der Scheibe das Original und auf der anderen Seite ein weißes Blatt auf den Tisch. Deine Schreibtischlampe stellst du jetzt so auf, dass sie direkt auf das Original leuchtet. Am besten ist es, wenn der Raum etwas dunkler ist.
4. Nun entsteht durch die Reflektion des Lichtes auf dem leeren Zet-

tel eine Spiegelung des Originals. Schiebe das Blatt, bis es passt. Jetzt kannst du es mit einem Stift einfach übertragen.

Übrigens ...

verwenden Gauner diesen Trick auch, um Unterschriften zu fälschen. Sie nutzen dafür oft eine Fensterscheibe. Die Polizei spricht hierbei von *Durchfenstern*. Sie müssen das allerdings zweimal machen, da sie sonst eine gespiegelte Unterschrift haben, und das wäre ziemlich auffällig.

Peter fand in einer der Kisten eine kleine Glasscheibe und stellte sie hochkant auf dem Tisch auf. »Das geht tatsächlich. Ich kann doppelt sehen. Haltet mal die Scheibe fest! Ich werde es ausprobieren.« Dann nahm er eine alte Zeichnung der Kaffeekanne und malte sie ab. »Simsalabim! Schon fertig. Das erste Werk aus unserem Handkopierer. Als Detektiv kann man den Trick gut brauchen, wenn man zum Beispiel schnell mal einen Geheimplan kopieren muss.«
Jetzt war Bob an der Reihe und kramte aus seiner Hosentasche eine Ein-Dollar-Note. »So, und jetzt mach ich uns reich. Ich werde uns so viel Geld kopieren, dass wir Porters Laden komplett leer kaufen können. Schade, dass ich keine Hundert-Dollar-Note dabeihabe.«
Justus sah zu, wie Bob fieberhaft den Schein mit einem Bleistift kopierte. »Die Sache hat leider einen Haken, Bob. Wenn jeder das machen würde, dann wäre Geld schnell wertlos. Und außerdem ist das Kopieren von Geldscheinen streng verboten. Oder wolltest du von der guten Seite auf die kriminelle wechseln? Zum Glück sehen deine Scheine aber so unecht aus, dass du damit nicht viel Erfolg hättest. Da würde Porter nur müde grinsen.«
Bob ließ sich nicht beirren. »Weiß ich doch alles. Aber es macht Spaß! Los! Wir machen uns zu Millionären!«

12. Trick: Geheime Schriften

Justus nahm einen kräftigen Schluck warme Cola und öffnete einen der vielen Pappkartons. »Ich wiederhole es ungern, aber wenn wir nicht bald in der Kaffeekanne aufräumen, dann passen wir irgendwann nicht mehr hinein.« Peter grinste ihn an. »Vielleicht sollten wir Tante Mathilda doch mal Bescheid sagen.«

»Bist du verrückt?«, lachte Justus. »Tante Mathilda hat einmal den Schuppen mit Onkel Titus' Lieblingsschrott aufgeräumt. Danach konnte man darin Tischtennis spielen. Der war total leer. Hier zum Beispiel: Unsere Sammlung von Geheimschriften.« Bob beugte sich zu ihm hinüber. »Die hatte ich schon ganz vergessen. Passt auf, ich lese euch was vor: Jistis miss ichtmil im Tig ifs Kli.« Peter musste laut lachen. Justus fand das gar nicht lustig. »Ist ja eine tolle Geheimsprache. Da kommt ja jeder sofort drauf. Man muss nur alle Selbstlaute gegen ein i austauschen. Wenn man eine Geheimschrift benutzt, dann richtig.«

»Ach nee, du Superhirn«, brummte Bob. »Und was ist eine richtige Geheimsprache?«

»Auf jeden Fall sollte sie nicht zu leicht zu knacken sein. Irgendwo müsste in der Kiste noch ein Codierrad herumliegen. Damit kann man verschlüsselte Nachrichten übermitteln. Ich hab mich mal mit Kryptologie beschäftigt. Und bevor ihr fragt: Das ist keine Krankheit.«

Wie funktioniert ein Codierrad?

Mit einem Codierrad kann man verschlüsselte Botschaften schreiben oder lesen. Es lässt sich leicht basteln und funktioniert richtig gut.

Du brauchst dafür:

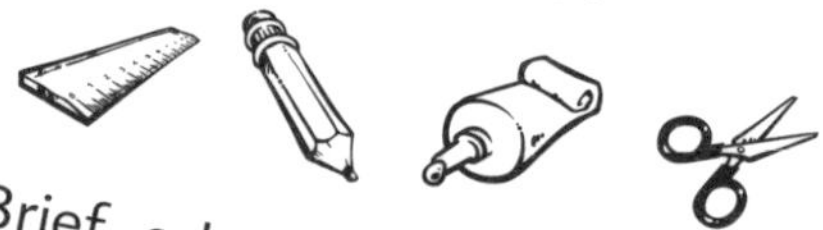

Brief- oder Büroklammer
Papier und Pappe

So geht's:

1. Du benötigst zwei Scheiben, so wie sie auf der Zeichnung dargestellt sind: einmal die äußere und einmal die innere Scheibe. Du kannst sie abzeichnen oder kopieren. Achtung: Die äußere Scheibe ist natürlich größer als die innere.
2. Jetzt die beiden Scheiben auf eine feste Pappe kleben und jeweils kreisrund ausschneiden.
3. Pikse nun in die Mitte jeweils ein kleines Loch und lege die kleinere auf die größere Scheibe, sodass du wie auf der Abbildung einen inneren und einen äußeren Ring mit Buchstaben erhältst.
4. Die beiden Scheiben werden jetzt mit einer Briefklammer verbunden. Du kannst dir auch etwas Ähnliches aus einer Büroklammer biegen. Hauptsache, die Scheiben lassen sich frei drehen.

Und so verwendest du das Codierrad:

1. Dein Partner braucht natürlich auch so eine Codierscheibe. Dann verabredet ihr einen geheimen Code-Buchstaben. Zum Beispiel das S.
2. Drehe nun die kleine Scheibe so, dass das S unter dem A der großen Scheibe steht.
3. Aus allen Buchstaben der großen Scheibe werden nun Buchstaben der kleinen Scheibe. Zum Beispiel wird jetzt aus dem Wort KAFFEEKANNE die Botschaft CSXX-WWCSFFW.

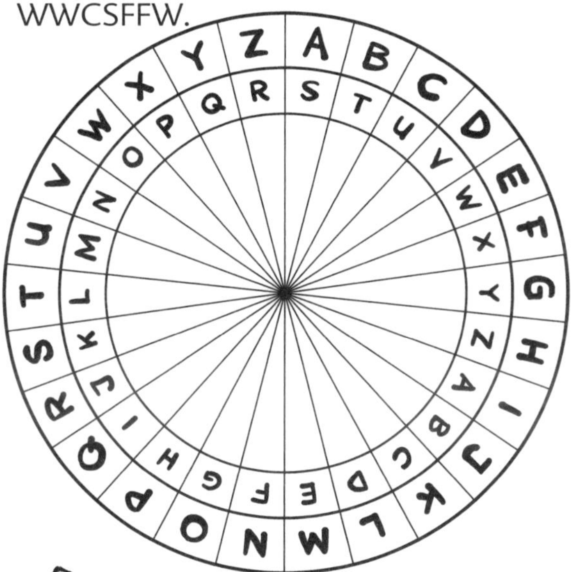

Wusstest du ...
dass es richtige Maschinen gibt, die Texte schreiben und entschlüsseln können? Eine der berühmtesten Maschinen heißt ›Enigma‹. Gebaut wurde sie vor fast 100 Jahren von dem deutschen Erfinder Arthur Scherbius.

Justus musste lange in dem Karton wühlen, bis er das selbst gebaute Codierrad fand. »Da haben wir's ja. Einfach zu bedienen und passt in jede Tasche. Wenn wir es benutzen, dann müssen wir uns natürlich auf einen gemeinsamen Code-Buchstaben einigen.« Peter hatte eine Idee. »Wie wäre es mit dem F wie Fragezeichen?«
»Nicht schlecht«, fand Bob. »Doch was ist, wenn jemand unseren geheimen Buchstaben herausbekommt? Der könnte für alle Zeiten unsere Botschaften mitlesen. Stellt euch vor, Skinny Norris kommt dahinter. Moment! Ich habe eine Idee: Wir nehmen jeden Tag einen anderen. Und zwar immer den Anfangsbuchstaben für den jeweiligen Wochentag. Also ein M für Montag, ein D für Donnerstag.«
Justus war begeistert und nahm ein Blatt Papier. »Okay! So machen wir das. Und zur Probe schreibe ich euch eine Botschaft auf, die ihr mit der Codierscheibe entschlüsseln müsst. Heute ist Samstag – also ist der Code-Buchstabe ein S.«
Anschließend überreichte er den beiden seine Geheimbotschaft.
Könnt ihr sie entschlüsseln?

13. Trick: Nichts verstanden

Schnell hatten sie die Geheimschrift von Justus geknackt: *Die drei Fragezeichen lösen jeden Fall,* stand jetzt auf einem Zettel. Peter legte das Codierrad wieder zurück. »Es gibt noch viel mehr Geheimschriften. Einige sind so schwer zu knacken, dass sie bis heute geheim geblieben sind. Entscheidend ist, dass man den Schlüssel für die Geheimschrift hat.«

Justus zog einen zerknitterten Zettel aus seiner Hosentasche. »So wie diese hier.« Bob betrachtete den Zettel. »Was ist das? Das kann doch kein Mensch lesen.«

»Ich weiß«, grinste Justus. »Das ist der letzte Einkaufszettel von Tante Mathilda. Die hat so eine Krakelschrift, dass man sie kaum entziffern kann. Beim letzten Mal hat sie aufgeschrieben: Zwei Pfund Kartoffeln. Ich hab gelesen: Zwei Paar Pantoffeln. Zum Glück hat Porter die Schuhe wieder zurückgenommen. Sonst hätte es wahrscheinlich zum Mittagessen Pantoffelsuppe gegeben.«

Peter dachte immer noch an die Geheimschriften. »Was machen wir aber, wenn man sich keine Zettel schreiben kann? Also irgendwo draußen. Wie kann man sich da verständigen?« Bob hatte eine Idee. »Man könnte sich mit einer Taschenlampe Lichtzeichen geben und eine Botschaft morsen. Ihr wisst schon: lange und kurze Signale. Man muss nur das Morse-Alphabet kennen. Dann gibt es noch Handzeichen. Aber es ist wie bei der Geheimschrift: Man muss wissen, was die Zeichen bedeuten.«

So funktionieren Geheimsprachen

Es ist genauso wie Bob gesagt hat: Bei jeder Geheimschrift müssen beide wissen, was die geheimen Zeichen bedeuten. Denn sonst versteht man kein Wort. Es gibt unzählige Arten von Geheimschriften und geheimen Zeichen. Vielleicht denkt ihr euch für euren Detektivclub sogar selbst eine aus? Zwei sehr bekannte Sprachen sind das Morsen und die Gebärdensprache mit den Händen.

Morse-ABC

Morsen kann man mit vielen Dingen: mit Lichtzeichen einer Taschenlampe, mit Klopfzeichen am Heizungsrohr oder durchs Klatschen mit den Händen. Die Morsesprache hat schon sehr vielen Menschen geholfen, um aus einer ausweglosen Situation herauszufinden.

A	•–	J	•–––	S	•••
B	–•••	K	–•–	T	–
C	–•–•	L	•–••	U	••–
D	–••	M	––	V	•••–
E	•	N	–•	W	•––
F	••–•	O	–––	X	–••–
G	––•	P	•––•	Y	–•––
H	•••	Q	––•–	Z	––••
i	••	R	•–•		

Gebärdensprache

Gehörlose haben gelernt, sich mit der Gebärdensprache genauso schnell zu verständigen wie mit dem gesprochenen Wort. Auch für Detektive ist diese Sprache sehr hilfreich, da man sich völlig geräuschlos unterhalten kann. Klar, es dauert eine Weile, bis ihr einen kompletten Satz übermittelt habt. Aber mit der Zeit werdet ihr immer schneller.

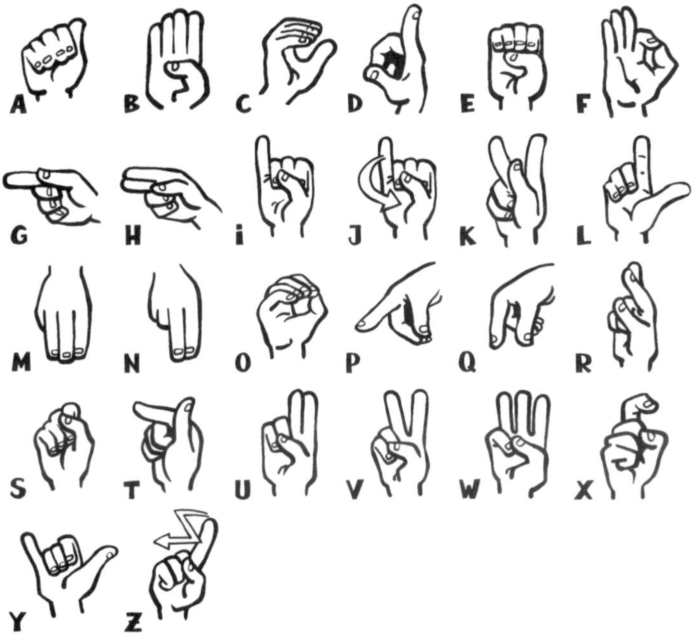

Wusstest du ...
dass die Indianer als Geheimsprache Rauchzeichen benutzten? So konnten sie sich über sehr weite Entfernungen miteinander verständigen.

Justus ging immer noch nicht das Bild von Tante Mathildas Pantoffelsuppe aus dem Kopf. »Wirklich erstaunlich, wie leicht durch ein paar vertauschte Buchstaben ein völlig neuer Sinn entsteht. Aus *Peter* wird schnell ein *Pater* und aus *Bob* ein *Bub*.« Peter grinste. »Genau. Und aus *Justus* ein *Nashorn*.«
»Hä? Wie kommst du denn darauf?«
»Na ja, man muss eben ein paar mehr Buchstaben austauschen«, lachte Peter.
Justus war schon bei einem neuen Gedanken. »Was erzählen sich eigentlich Delfine, Vögel oder Affen? Vor allem, wie erzählen sie es sich? Selbst Ameisen verständigen sich. Und wer sagt eigentlich, dass Bäume nicht sprechen können?«
Bob holte tief Luft. »Ich glaube, das werden wir nie herausbekommen. Auch wenn wir bisher jeden Fall gelöst haben. Mir würde es schon reichen, wenn ich unseren Mathelehrer verstehen würde. Für mich ist das auch eine Art Geheimsprache.«
Plötzlich begann Justus' Magen laut zu knurren. Bob fing an zu grinsen. »Dieses Geräusch kann ich übersetzen. Es klingt überall auf der Welt gleich und heißt: Ich habe Hunger.«

14. Trick: Streng geheim!

Peter bekam auch langsam Hunger. »Allmählich würde ich sogar eine Pantoffelsuppe essen, glaube ich. Aber wo wir gerade bei den ganzen Geheimschriften sind: Die bekannteste Geheimschrift ist wohl die mit dem Zitronensaft.«
»Stimmt«, nickte Bob. »Ich habe es aber auch einmal mit Milch probiert. Das funktioniert fast genauso.«
»Ich möchte mal wissen, wer sich eigentlich so etwas ausgedacht hat«, überlegte Peter. »Wie kommt man zum Beispiel darauf, mit Milch zu schreiben?«
Bob grinste. »Also, das war ein alter Bauer aus der Schweiz. Der ist mit seiner Kuh in eine Bärengrube gefallen und kam nicht mehr raus. Aus Verzweiflung hat er dann die Kuh gemolken und mit Milch einen Hilfebrief geschrieben. Den hat dann eine Taube zur Polizei geflogen.« Peter tippte sich an die Stirn. »So ein Quatsch! Ich glaube allmählich, dass es hier in der Kaffeekanne zu heiß für dich ist. Du fantasierst ja schon.«
Justus wühlte währenddessen in seinem Rucksack und fand eine angebrochene Milchtüte. Doch beim ersten Schluck spuckte er alles sofort aus und die Milch landete in Bobs Gesicht. »Igitt, die ist sauer!«
Bob wischte sich angeekelt die Milch aus dem Gesicht. »Justus, igitt, jetzt bin ich aber auch sauer!«

So schreibst du mit Geheimtinte

Es muss natürlich keine saure Milch sein, aber damit geht es tatsächlich. Schon immer haben Menschen sich geheime Botschaften geschickt, die nur der Empfänger lesen konnte. Aber es ist wie bei allen Geheimschriften: Man muss wissen, was man damit anfangen soll. Und so funktionieren die berühmtesten Geheimschriften:

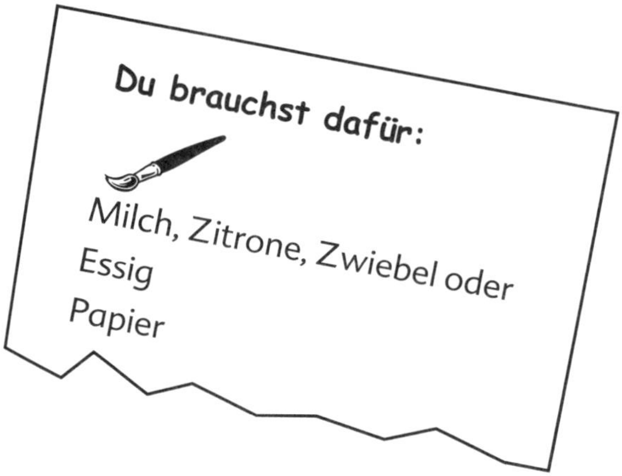

1. Als ›Tinte‹ für deine Geheimschrift kannst du Verschiedenes ausprobieren. Es funktioniert mit Milch, Zitronen- oder Zwiebelsaft oder Essig.
2. Schreibe mit einem feinen Pinsel deine Botschaft mit der ›Geheimtinte‹. Anschließend lässt du das Papier trocknen. Die Schrift verschwindet.
3. Der Empfänger muss das Papier erwärmen. Hierfür gibt es mehrere Möglichkeiten. Am besten legst du das Blatt auf die Heizung. Zusammen mit deinen Eltern kannst du das Papier auch leicht über eine Flamme halten oder darüberbügeln. Die Schrift wird dann wieder sichtbar.

Übrigens …

kann man mit dem Trick der Geheimtinte wie bei den Wasserzeichen fälschungssicheres Papier herstellen.

Bob war immer noch genauso sauer wie die Milch. »Du hast doch echt einen Knall, Just. Kannst du nicht woanders hinspucken?«
Justus wischte sich den Mund ab. »Tut mir leid. Das war so eklig – ich konnte einfach nicht mehr nachdenken.«
»Und wie das stinkt! Am liebsten würde ich mich selbst in eine Waschmaschine stecken. Ich dachte immer, dass aus saurer Milch ein leckerer Joghurt wird. Aber das stimmt eindeutig nicht. Riecht eher wie schimmliger Käse oder nach alten Socken. Ich muss hier dringend raus.«
Auch Justus war der Appetit vergangen und das kam wirklich sehr, sehr selten vor. Eilig kramte er ein paar alte Lappen hervor und versuchte, das Gröbste wegzuwischen. »Ich werde bestimmt eine Weile keine Milch mehr trinken.«
Die beiden hatten die ganze Zeit nicht bemerkt, wie Peter mit einem Pinsel und dem Rest der Milch eine Geheimbotschaft geschrieben hatte. »Hier. Könnt ihr das lesen?«
Die Schrift war noch feucht und Bob gelang es auch so, sie zu entziffern. »Guter Vorschlag, Peter. Genau das machen wir jetzt. Dann kann ich mir die saure Soße abwaschen.«

15. Trick: Orientierungshilfe

Einer nach dem anderen kletterte aus der Kaffeekanne. Peter war der Letzte, der die rostige Eisenleiter hinunterstieg. »Ab zum Strand!«, rief Bob und schwang sich auf sein Fahrrad. »Und dann rein in die Wellen. Ich bin froh, wenn ich den Gestank wieder los bin.« Justus war immer noch ganz kleinlaut. »Tut mir echt leid. Beim nächsten Mal halte ich mir den Mund zu, bis ich draußen bin.«

Sie fuhren bis zur Küstenstraße und dann weiter in Richtung Süden. Ihr Ziel war eine kleine Bucht unterhalb der Steilküste. Nur wenige aus Rocky Beach kannten die Stelle, denn die Bucht erreichte man nur über einen schmalen Kletterpfad. Kaum waren sie unten, rannten alle gleichzeitig ins Wasser. Bob sprang kopfüber in die Wellen.

Erst nach einer halben Stunde kamen sie völlig erschöpft aus dem Meer und schmissen sich auf ihre Handtücher. Weit draußen auf dem Pazifik sah man einige Ozeandampfer.

»Wie haben die eigentlich früher ihren Weg gefunden?«, fragte sich Peter. »Ich meine, so ohne Navigationssystem und so.« Justus deutete nach oben.

»Anhand der Sonne und nachts mithilfe der Sterne. Der Polarstern zeigt einem zum Beispiel immer, wo Norden ist.«

So orientierst du dich im Freien

Für die Seefahrer gehörten die Sterne tatsächlich zu den wichtigsten Orientierungshilfen. Aber es ist nicht ganz einfach, sich am Sternenhimmel zurechtzufinden. Justus weiß: Der wichtigste Stern für die Orientierung ist der Polarstern. Er ist das ganze Jahr über zu sehen und zeigt die Nordrichtung an.

Und so findest du den Polarstern:

Am einfachsten ist es, wenn du zunächst nach dem Sternbild *Großer Wagen* (auch *Großer Bär* genannt) Ausschau hältst.

Sieh dir die Zeichnung an und präge dir das Sternbild ein. Es sieht tatsächlich aus wie ein einfach gezeichneter Handwagen mit einer Deichsel. Jetzt betrachtest du die beiden hinteren Sterne des Wagens und verbindest sie mit einer gedachten Linie. Diese Linie versuchst du im Kopf nach oben zu verlängern. Deine Finger helfen dir dabei. Wenn man diese Linie ungefähr fünfmal verlängert, dann gelangt man zu einem sehr hellen Stern. Geschafft! Du hast den Polarstern entdeckt.

Wusstest du …

dass der Polarstern auch Nordstern genannt wird? Er ist ca. 430 Lichtjahre von uns entfernt. Ein Lichtjahr ist die Strecke, die das Licht in einem Jahr zurücklegt. Da es ziemlich viel ist, nämlich circa 9,5 Billiarden Meter, spricht man von Lichtjahren.

Peter kniff die Augen zusammen und blinzelte in die Sonne. »Dann ist es nur blöd, wenn alles voller Wolken ist. Da sieht man keine Sonne und Sterne erst recht nicht. Für mich wäre die Seefahrerei früher nichts gewesen.« Bob sah das anscheinend anders. »Für mich aber. Natürlich nicht als langweiliger Matrose, sondern als Piratenkapitän. Freibeuter der Meere. Dies hier wäre meine Schatzinsel und das Gold würde ich in einer der vielen Felsenhöhlen verstecken. Genau: Käpten Bob, der Schreckliche. Am Hals hätte ich eine Kette aus Haifischzähnen und ihr wärt meine Mannschaft. Natürlich gäbe es für euch nur Kohlsuppe und für mich jeden Tag Pommes.«

Peter griff sich einen herumliegenden Stock. »Dann pass mal auf, dass die Mannschaft nicht plötzlich meutert und dir den Degen durch die Ohren sticht. Zu den Waffen, Männer! Der Käpten wird abserviert! Wir machen eine Meuterei!«

Auch Justus sprang jetzt auf und wickelte sein Handtuch zu einer Peitsche zusammen. »Nieder mit Käpten Bob! Der Klabautermann soll dich holen und den Haien zum Fraß vorwerfen. Zum Angriff!«

16. Trick: Wo geht's lang?

Bob rannte, so schnell er konnte, durch den heißen Sand. »Mieses Matrosenpack!«, fluchte er dabei. »Ich werde euch vors Piratengericht bringen und dann wird man euch mit den Füßen voran durch Feuerquallen ziehen.«
Schließlich sackte er erschöpft am Ende der Bucht zusammen. »Ich ergebe mich. Macht mit mir, was ihr wollt. Aber verschont meinen Papagei.«
Peter bohrte Bob seinen Stock in den Bauch. »Nein, wir kennen keine Gnade. Der Papagei wird gerupft und dann machen wir Suppe aus ihm.«
Justus legte noch einen drauf. »Richtig. Und die Federn stopf ich mir in mein Kopfkissen.«
Dann mussten alle so laut lachen, dass es von den Felsen der Steilküste widerhallte. Anschließend gingen die drei ??? wieder zurück zu ihrem Lagerplatz. Peter wischte sich den Schweiß aus dem Gesicht. »Jetzt mal im Ernst: Stellt euch vor, dies wäre tatsächlich eine unbewohnte Insel und wir müssten sie erkunden. Man würde sich doch sofort verlaufen und nie mehr zurückfinden ...«
Justus nahm einen Stock und kratzte einen Pfeil in den Sand. »Dann muss man sich auf dem Weg Zeichen machen. Wenn wir Pech haben, verweht uns der Wind eine solche Spur, dann ist es besser, man behilft sich mit schwereren Gegenständen, zum Beispiel mit Steinen. Aber heute ist es ja windstill. Wir könnten uns eine Spur in den Sand zeichnen und schauen, ob wir sie nachher wiederfinden.«

So markierst du Wege

Wer einmal lange durch einen großen Wald gelaufen ist, der weiß, wie schnell man hier die Orientierung verlieren kann. Ein Kompass oder eine gute Wanderkarte helfen weiter. Doch was macht man, wenn man keins von beidem dabeihat? Wichtig ist, dass man die Strecke markiert, um auf jeden Fall wieder zurückzufinden. Man könnte natürlich die Bäume anmalen, aber meistens hat man im Wald auch gerade keine Farbe zur Hand. Außerdem markieren Förster manchmal Bäume, die gefällt werden sollen oder besondere Brutplätze für Vögel bieten. Deshalb sollte man keine eigenen Markierungen an die Bäume machen, da sie für Verwirrung sorgen könnten.
Es gibt sehr viele Dinge im Wald selber, mit denen ihr hilfreiche Zeichen machen könnt.

Hier sind ein paar Tipps:

1. Sucht kleine Äste oder Zweige und legt daraus ein Kreuz auf dem Boden. Findet ihr auf eurer Wanderung dieses Zeichen wieder, dann wisst ihr: Oh, wir sind im Kreis gelaufen.

2. Steine eignen sich besonders, denn sie werden nicht so schnell weggeweht und markieren den Weg für eine lange Zeit. Sucht verschieden große Steine und stapelt sie wie eine Pyramide übereinander. An Weggabelungen hilft dies besonders gut.

3. Benutzen könnt ihr alles, was ihr findet. Im Wald gibt es eine Menge Tannenzapfen. Aus diesen lassen sich sehr gut kleine Pfeile legen. Achtet immer darauf, dass ihr die Zeichen so legt, dass sie nicht von anderen Wanderern zertrampelt werden.

Übrigens ...
lassen sich die Zeichen auch wunderbar für eine Schnitzeljagd verwenden.

Peter schüttelte sich den Sand aus den Haaren. »Das klingt irgendwie nach einer Schnitzeljagd. Was haltet ihr davon: Justus legt eine Fährte und wir müssen ihn finden. Dann können wir sehen, ob die ganzen Tricks mit den Spuren funktionieren.«

Seine beiden Freunde waren einverstanden und Justus schnappte sich seinen Rucksack. »Okay, ihr gebt mir zehn Minuten Vorsprung und ich werde regelmäßig eine Spur legen.« Anschließend rannte er los und war kurz darauf zwischen den Felsen verschwunden.

Als die zehn Minuten um waren, machten sich die anderen beiden auf den Weg. Bob ging vorweg. »Seine Fußspuren enden an dem Felsen. Da! Hier vorn hat Just ein Kreuz aus Muscheln hingelegt. Wir sind auf der richtigen Spur.«

Oberhalb der Steilküste gab es viel Gestrüpp und dornige Büsche. Immer wieder fanden sie Spuren aus kleinen Ästen, Steinen oder Möwenfedern. »Ich glaube, wir sind ganz nah dran«, flüsterte Peter. »Just muss ganz in der Nähe sein.«

Doch dann verlor sich plötzlich die Spur und Peter und Bob mussten wohl oder übel zum Lagerplatz zurück.

Als sie dort ankamen, trauten sie ihren Augen nicht: Justus lag gemütlich auf seinem Handtuch und grinste sie an. »Da seid ihr ja endlich. Ich wusste, dass ihr mich hier niemals suchen würdet.«

17. Trick: Wer war das?

Erschöpft ließen sich Peter und Bob in den Sand fallen. »Da hätten wir ja noch lange suchen können«, stöhnte Peter.
»Aber wieso hat die Spur plötzlich geendet? Du bist ja schließlich nicht wieder zurück zum Strand geflogen, ohne Spuren zu hinterlassen.«
»Alter Indianertrick. Ich habe eine Spur gelegt und mich im Gebüsch versteckt. Dann habe ich gewartet, bis ihr an mir vorbeigelaufen seid. Anschließend brauchte ich nur denselben Weg wieder zurückgehen und mich hier in die Sonne zu legen.«
Bob wischte sich den Schweiß aus dem Gesicht. »Eigentlich hätten wir uns so was denken können. Aber es führten keine Fußspuren zurück an den Strand. Wie kann das sein?«
»Das ist der zweite Indianertrick. Man muss rückwärts in den alten Spuren gehen.«
Peter ärgerte sich, dass er auf den Trick reingefallen war, und untersuchte die Spuren im Sand. »Mist! Wenn man es weiß, hätte man drauf kommen können. Die Fußspuren sind viel zu tief und ungenau. Wir sollten mal wieder einen Lehrgang im Spurenlesen machen.«
»Alles klar. Mein altes Indianerwissen wird da von Vorteil sein«, sagte Justus lachend.

So erkennst du Spuren

Draußen ist so einiges los – man muss nur die Augen offen halten. Ein guter Spurenleser kann sehr viele Tiere unterscheiden. Hast du eine Tierspur entdeckt, verfolge sie doch einmal eine Weile. Vielleicht erkennst du, wo das Tier gefressen hat? Oder es musste plötzlich flüchten. Und wenn du Glück hast, findest du den Schlafplatz. Sei vorsichtig, denn natürlich willst du keine Tiere jagen, sondern sie nur beobachten, ohne sie zu erschrecken.

Wusstest du ...
dass einer der besten Spurenleser der Hund ist? Mit seiner feinen Nase kann er fast vierzigmal besser riechen als der Mensch.

Und gleich erfährst du noch einen echten Die-drei-???-Trick:

Justus hat eine Idee, wie man ganz sicher Schuhabdrücke der drei ??? von anderen unterscheiden kann. Mit einem kleinen Messer schnitzt er bei jedem ein Fragezeichen in die Sohle. Dabei gibt es nur zwei Dinge zu bedenken: Frag erst deine Eltern, ob sie von der Idee auch so begeistert sind. Und zweitens pass auf, dass du dich beim Schnitzen nicht schneidest. Lass dir am besten dabei helfen!

Welche Spur gehört zu welchem Tier?

Bob beobachtete eine Möwe, die am Strand nach Krebsen suchte. »Wenn man das Tier zur Spur sieht, ist es einfach. Dann braucht man auch kein Indianerwissen.«
Justus nahm den letzten Schluck aus seiner Colaflasche. »Als Detektiv hat man es ja eher mit Schuhabdrücken zu tun. Aber auch die können viel verraten. Zum Beispiel weiß man mehr über die Person, wenn sich neben der Fußspur kleine Löcher befinden.« Peter sah ihn mit großen Augen an. »Und was soll das bedeuten?«
»Das ist ein sicherer Hinweis dafür, dass die Person mit einem Gehstock gelaufen ist. Außerdem kann man oft erkennen, ob es ein Männerschuh oder ein Frauenschuh war. Frauenschuhe sind oft schmaler, und wenn sie einen Absatz haben, ist hinten nur ein Kreis zu sehen. Dann ist natürlich auch noch die Schuhgröße wichtig. Die Abdrücke zeigen außerdem, ob jemand gemütlich schlenderte oder schnell wegrannte. Je schneller jemand läuft, desto größere Schritte macht er. Das bedeutet, seine Abdrücke sind weiter auseinander als beim gemütlichen Gehen.«
Bob staunte nur noch. »Du klingst so, als hättest du jahrelang bei der Spurensicherung gearbeitet. Was ist eigentlich, wenn die Ermittler plötzlich ihre eigenen Schuhabdrücke finden? Die kommen doch durcheinander?«
Justus knetete nachdenklich seine Unterlippe. »Dazu fällt mir gerade ein sensationeller Trick ein. Wir könnten bei unseren Schuhen ins Profil ein kleines Fragezeichen reinschnitzen. Dann würden wir unsere Abdrücke sofort erkennen.«

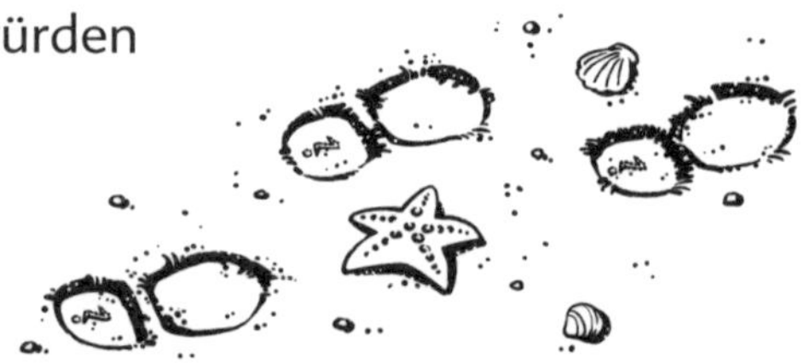

18. Trick: Wetterfrosch

Plötzlich verdunkelte sich der Himmel. »Was ist denn jetzt los?«, wunderte sich Bob. »Wo kommen die ganzen Wolken her? Gibt es etwa Regen?« Gleichzeitig frischte der Wind auf und vom Pazifik her wehte kühle Luft heran.
Peter holte tief Luft. »Endlich ist es nicht mehr so heiß. Ich dachte schon, ich bekomme einen Sonnenstich.«
Justus blickte beunruhigt nach oben. »Wir hätten vielleicht den Wetterbericht hören sollen.«
Bob machte ein verächtliches Gesicht. »Ach, die raten doch auch nur. Wahrscheinlich haben die Experten nur einen fetten Wetterfrosch im Studio sitzen.«
Justus sah das anders. »Nein, man kann das Wetter sehr wohl ganz gut vorhersagen.«
»Ach nee, Mister Oberschlau. Da bin ich mal gespannt.«
»So ist es, Mister Ahnungslos. Wenn sich ein Tief nähert, dann fällt der Luftdruck. Kommt ein Hoch, steigt er. Messen kann man das mit einem Barometer. Wenn man draußen in der freien Natur als Detektiv ermittelt, sollte man wissen, wie das Wetter wird.«
»Und wenn man zufällig mal kein Barometer in der Badehose hat?« Peter grinste.
»Das macht nichts«, konterte Justus. »Ich weiß, wie man sich aus einfachen Dingen selbst eins bauen kann.«

So baust du ein Barometer

Mit einem Barometer kann man ungefähr einschätzen, ob man die Regenjacke jetzt besser anzieht oder getrost zu Hause lassen kann. Deshalb ist es gut, so eine kleine Wetterstation zu haben. Man kann sie sich ganz leicht selbst bauen. Alles, was du benötigst, findest du wahrscheinlich bei euch daheim.

Du brauchst dafür:

Dose
Folie oder Luftballon
Gummiband

Und so geht's:

1. Als Erstes nimmst du eine leere Blechdose und wäschst sie aus. Wenn die Kanten scharf sind, klebst du darüber einen Streifen Klebefilm.

2. Dann schneidest du ein Stück Folie zurecht und legst es über die Öffnung. Wenn du einen großen Luftballon hast, kannst du auch die Ballonhaut dafür verwenden.

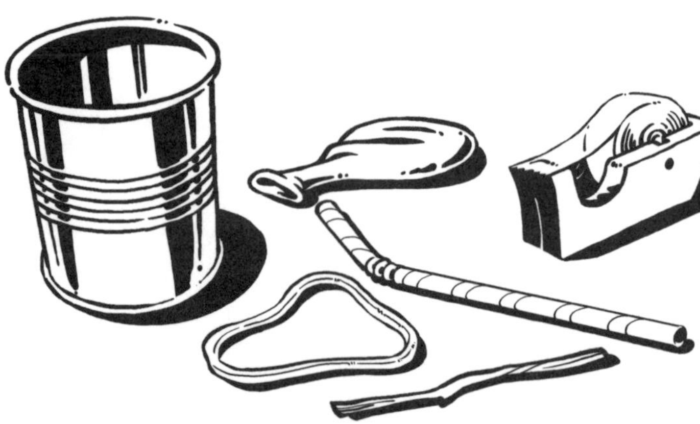

3. Jetzt legst du um den Rand ein Gummiband, sodass die Folie stramm sitzt.
4. Auf dieser Folie befestigst du mit einem Stückchen Klebefilm einen Strohhalm. Dieser ragt wie ein Zeiger über die Dose. Am Ende des Strohhalms stellst du das Lineal oder einen Pappstreifen wie in der Zeichnung auf. Daran kannst du später ablesen, ob der Luftdruck steigt oder sinkt.

Wie funktioniert das eigentlich?

Es ist so, wie Justus gesagt hat. Steigt der Luftdruck, gibt es schönes Wetter. Die Folie wird dann nach unten gedrückt und das Ende des Strohhalms steigt nach oben wie bei einer Wippe. Bei fallendem Luftdruck ist es genau umgekehrt. Dann kann es Regen geben.

Hättest du gedacht …

dass du die Veränderung des Luftdrucks in einem Flugzeug oder in einem schnellen Fahrstuhl wahrnehmen kannst? Deine Ohren fühlen sich dann belegt an und knacken unangenehm. Dadurch versuchen sie, den Druck auszugleichen.

Peter war beeindruckt. »Das sollten wir nachbauen, wenn wir wieder in der Kaffeekanne sind. Ich bin gespannt, ob so ein Barometer tatsächlich funktioniert.«
»Das machen wir«, sagte Bob. »Nur schade, dass in Kalifornien das Wetter fast immer gut ist. Da wird sich der Zeiger an unserem selbst gebauten Barometer kaum bewegen. Aber wie funktioniert das nun eigentlich tatsächlich mit den Wetterfröschen? Stimmt das oder ist es ein Märchen?«
Justus hatte darüber einmal etwas gelesen. »Soviel ich weiß, gibt es einen Laubfrosch, der, immer wenn das Wetter gut wird, an Gräsern und Ästen nach oben klettert.«
»Und warum?«, fragte Peter. »Will der sich sonnen?«

»Nein, der will Insekten fressen. Die fliegen nämlich bei schönem Wetter höher. Wird das Wetter schlechter, dann findet man sie eher am Boden – und die Frösche auch. Man kann übrigens auch an Tannenzapfen sehen, wie das Wetter wird. Wird es schön, dann öffnen sich die Zapfen. Wenn es Regen gibt, dann schließen sie sich.«
Bob klopfte ihm anerkennend auf die Schulter. »Danke, Mister Jonas, für diese lehrreiche Stunde. Sicher wird aus Ihnen mal ein großer Professor.«

19. Trick: Zeltlager

In diesem Moment wurden die drei ??? vom Unwetter überrascht. Mit einem gewaltigen Krachen begann es zu regnen und sie packten so schnell wie möglich ihre Handtücher und die anderen Sachen zusammen.
»So viel Abkühlung brauche ich nun auch wieder nicht«, schimpfte Peter. Es schüttete inzwischen wie aus Eimern und tiefdunkle Wolken hatten sich über den Pazifik geschoben.
Bob versuchte vergeblich, seine Brille am nassen T-Shirt abzutrocknen. »Wir sollten uns hier irgendwo was zum Unterstellen suchen, damit wir vor dem Regen geschützt sind«, meinte er.
Justus zeigte auf das Wasser. »Du kannst ja ins Meer springen und untertauchen. Dann bekommst du zumindest keine Regentropfen ab«, grinste er.
Peter wickelte sich unterdessen sein Handtuch wie einen Turban auf den Kopf. »Auch auf solche unangenehmen Überraschungen müssen Detektive vorbereitet sein, wenn sie im Freien ermitteln. Man muss sich in allen Lebenslagen zu helfen wissen. Ich schlage vor, wir klettern die Steilküste hoch und versuchen uns ein Biwak zu bauen.«
»Was ist denn schon wieder ein Biwak?«, fragte Bob und musste niesen.
»Ein Biwak ist ein selbst gebauter Unterstand. Kommt mit, dann zeige ich es euch. Oben müsste genügend Material zu finden sein.«

So baust du ein Biwak

Es ist ein Risiko, wenn man draußen übernachten muss und nichts als den Himmel über dem Kopf hat. Darum ist es gut zu wissen, wie man sich schnell ein Biwak baut. Dafür eignet sich alles, was du finden kannst. Stöcke, Äste, Blätter, Moose. Wenn man eine Plane dabeihat, geht es natürlich noch besser. Selbst die Eskimos wissen, wie man in Eis und Schnee übernachten kann: Sie bauen sich ein Iglu.

Du brauchst dafür:

Stock
Äste
Moos, Blätter

Und so kannst du ein Biwak bauen:

1. Such dir einen guten Platz aus. Vielleicht findest du einen umgestürzten Baum? Oder eine große Wurzel? Achte darauf, dass dein Biwak nicht in einer Kuhle steht, in der sich Regenwasser sammeln könnte. Bei Gewitter solltest du außerdem nicht unter Bäumen zelten.

2. Zuerst brauchst du ein stabiles Gerüst. Dafür eignen sich Äste und lange Stöcke. Stecke sie zu einem Dach zusammen oder lege sie schräg gegen einen Baumstamm. Denke daran, dass du später genug Platz darunter brauchst. Du kannst die Spitzen mit biegsamen Weidenzweigen oder Schnur zusammenbinden.

3. Auf das Gerüst kommt nun entweder eine Plane oder alles, was du findest und Regen abhalten kann. Du wirst dich wundern, was so alles in der Natur herumliegt. Jetzt kannst du einziehen!

Übrigens ...
kommt der Name *Biwak* aus dem Französischen und bedeutet so viel wie ›Nachtlager im Freien‹.

Peter begann sofort damit, Äste und Stöcke zu sammeln. »Davon brauchen wir eine ganze Menge. Wir stellen sie schräg gegen diesen umgestürzten Baumstamm. Viel Platz werden wir nicht haben, aber für uns drei reicht es.« Anschließend suchten sie nach breiten Baumrinden und Zweigen mit Blättern.
Immer noch prasselte der Regen auf sie nieder.
»Wir sind fertig!«, strahlte Peter nach einer Weile. »Willkommen im Biwak der drei ???. Hereinspaziert!« Justus kniete sich auf den nassen Boden und krabbelte in den Unterschlupf. »Na ja, so richtig trocken ist hier nicht. Es regnet an vielen Stellen durch. Wir bräuchten eine Plane oder so etwas. Der Boden ist schon ganz aufgeweicht.«
Plötzlich hörten sie aus der Ferne Bob rufen: »Kommt hierher! Ich habe was gefunden.« Neugierig folgten sie seiner Stimme. Am Ende eines überwucherten Pfades sahen sie ihn: Bob saß grinsend in einem alten Schrottauto. Jemand musste es vor langer Zeit hier einfach abgestellt haben. »Kommt rein! Riecht zwar ein bisschen modrig, aber dafür ist es in der rostigen Karre trocken.« Etwas zögernd setzten sich seine beiden Freunde auf die zerfetzten Sitze. Peter sah sich nervös um. »Ich kann nur hoffen, dass wir hier nur zu dritt im Wagen sind.«

20. Trick: Fischauge

Bob saß auf dem Fahrersitz und umfasste mit beiden Händen das Lenkrad. »Das war mal eine richtige Luxuslimousine. Wahrscheinlich hat ihn jemand abgestellt, um die Verschrottungsgebühren zu sparen. Seht mal auf den Tacho: Die Karre fuhr über 200 Sachen.«

Justus wischte sich Spinnweben aus dem Gesicht. »Ich würde zu gern wissen, was sich für eine Geschichte dahinter verbirgt.«

Bob musste lachen. »Typisch Just. Du siehst überall einen Fall für die drei ???.«

Mittlerweile hatte es aufgehört zu regnen und die ersten Sonnenstrahlen bahnten sich den Weg durch die Wolkendecke. Einer nach dem anderen stieg aus dem Schrottauto.

Direkt davor hatte sich eine tiefe Pfütze gebildet und Bob schmiss einen Stein hinein. »Die Pfütze ist so groß, dass man fast darin baden könnte.«

Peter stand hinter ihm und gab Bob einen kleinen Schubs. »Dann tu es doch«, lachte er.

Bob stolperte nach vorn und machte einen Bauchplatscher. Er schimpfte. »Ich habe meine Brille verloren. Die finde ich im Wasser niemals.«

Justus hatte eine Idee. »Keine Panik. Wir bauen uns eine Unterwasserlupe.«

So baust du eine Unterwasserlupe

Pech für Bob – die Brille ist erst einmal weg. Eine Taucherbrille wäre jetzt hilfreich, doch es geht auch anders. So eine Unterwasserlupe eignet sich nicht nur, um verlorene Brillen wiederzufinden, man kann damit auch bequem vom Ruderboot aus auf den Grund eines Sees gucken, Vielleicht entdeckst du einen Fisch? Oder sogar einen Schatz?

Du brauchst dafür:

Dose oder Ähnliches
Plastikfolie
Gummiband

Und so geht's:

1. Du benötigst eine große Blechdose oder ein ähnliches Gefäß. Wichtig ist, dass das Gefäß wie eine Röhre auf beiden Seiten offen ist. Bei der Dose kannst du einfach den Boden mit einem Dosenöffner abtrennen. Lass dir dabei von einem Erwachsenen helfen. Die scharfen Kanten werden anschließend mit Klebeband abgeklebt.

2. Jetzt spannst du über die Dose eine durchsichtige Folie. Gut eignet sich hier eine durchsichtige Plastiktüte, die du dir zurecht schneiden kannst. Diese Folie sicherst du mit einem festen Gummiband oder einigen Lagen Klebeband.

3. Nun kannst du deine Unterwasserlupe schon benutzen. Tauche die Seite mit der Folie leicht ins Wasser ein. Es funktioniert wie bei einer Taucherbrille und du kannst wie ein Fisch unter Wasser sehen.

Wusstest du ...

dass sich die tiefste Stelle auf der Welt im Pazifischen Ozean befindet? Hier gibt es den Marianengraben mit einer Tiefe von bis zu 11.034 Metern. Da hilft auch keine Unterwasserlupe mehr.

Ohne Brille konnte Bob nicht viel sehen und tastete mit den Händen im Wasser. »Hier muss sie irgendwo sein. Just, was ist jetzt mit deiner Unterwasserlupe?« Justus suchte im Inneren des Schrottwagens. »In der Kaffeekanne hätten wir genügend Material, eine zu bauen. Hier ist leider nichts, was uns weiterhelfen kann.«

Peter stand vor dem Auto und hatte anscheinend eine andere Idee. »Die Sache mit der Dose und der Plastikfolie ist nicht schlecht. Hiermit geht es aber bestimmt auch. Eins der Scheinwerfergläser ist herausgefallen. Seht mal!«

In der Hand hielt Peter das runde Glas des Scheinwerfers. Es sah aus wie ein flacher Kochtopf aus Glas. Justus war begeistert. »Damit müsste es noch besser funktionieren als mit meiner Konstruktion. Gib mal her! Ich versuche damit unter Wasser etwas zu erkennen.«

Vorsichtig legte er das Glas auf die Wasseroberfläche. »Mit dem Scheinwerfer geht es super!«, strahlte er. »Ich kann alles klar sehen. Und da! Hier liegt auch Bobs Brille.«

Bob war froh, als er seine Brille wieder in den Händen hielt, und putzte mit seinem T-Shirt die Wasserspuren vom Glas. »Okay, Peter. Jetzt hast du deinen Stoß von eben wiedergutgemacht.«

21. Trick: Postgeheimnis

Mittlerweile hatten sich die Wolken wieder verzogen und die Sonne strahlte am Himmel. Peter schlug die Fahrertür zu. »Auf Wiedersehen, Schrottauto! Dein Geheimnis kannst du behalten.« Nur Justus hätte gern herausgefunden, was damals mit dem Wagen geschehen war. »Es erinnert mich an das verrostete Auto, mit dem uns Onkel Titus mal reinlegen wollte*.« Doch viele Hinweise gab es nicht. Die Nummernschilder waren abgeschraubt und auch sonst fand sich nichts, was auf den Besitzer schließen ließ. »Okay, vergessen wir den Fall Schrottauto«, sagte Justus. »Das Ding kann man höchstens noch als toten Briefkasten benutzen.«

»Was ist denn das schon wieder?«, fragte Bob.

»Das ist ein Ort, an dem man geheime Botschaften oder Dinge verstecken kann. Wir könnten zum Beispiel im Handschuhfach des Schrottautos eine Dose Erdnüsse und eine Flasche Wasser verstecken. Aber auch im Wasser lässt sich gut ein toter Briefkasten einrichten. Alles, was man benötigt, ist eine Flasche, eine Schnur und ein Stein.«

Peter sah Justus mit großen Fragezeichen in den Augen an.

*siehe Band 4: »Chaos vor der Kamera«

So funktioniert ein toter Briefkasten

Informationen sind das Wichtigste für Detektive. Doch manchmal ist eine Information so geheim, dass man sie ungern mit der Post verschicken will. Darum ist es gut, wenn man einen sogenannten toten Briefkasten hat. Nur wenige Eingeweihte wissen, wo dieser sich befindet. So lassen sich garantiert die geheimsten Geheimnisse austauschen. Sieh dich in deiner Umgebung um! Dort gibt es sicherlich eine Menge interessanter Verstecke. An einer Stelle ist es besonders sicher: unter Wasser.

Du brauchst dafür:

Papier
Flasche

Und so geht's:

1. Du brauchst eine leere Flasche mit einem Schraubverschluss oder einem Korken. Wasche sie aus und lass sie austrocknen. Dann schreibst du deine geheime Botschaft und legst sie hinein.
2. An der Flasche befestigst du eine Schnur und einen Stein. Dieser dient später als Gewicht.

3. Nun suchst du dir einen kleinen Teich, Tümpel oder einen richtigen See. An einer gut geschützten Stelle lässt du die Flasche mit dem Gewicht abtauchen. Das Ende der Schnur knotest du an einem Baum fest. Diesen Ort musst du dir gut merken!
4. Die Flasche liegt jetzt gut versteckt auf dem Grund. Nur wenn man weiß, wo sich das Ende der Schnur befindet, kann man den toten Briefkasten finden und öffnen.

Übrigens ...
kann man so einen toten Briefkasten natürlich auch benutzen, um seine Notreserve an Kaugummikugeln zu verstecken.

»Nun darf aber kein Fisch die Schnur durchbeißen«, lachte Peter. »Dann würde dein toter Briefkasten wegschwimmen und du hättest eine schöne Flaschenpost.«
»Eine Flaschenpost zu verschicken könnte vielleicht auch mal ganz hilfreich sein«, überlegte Bob. »Stellt euch vor, wir wären tatsächlich auf einer unbekannten Insel gestrandet. Damit könnte man gut einen Hilferuf verschicken.« Peter dachte weiter. »Die Frage ist nur, was du auf den Zettel in der Flaschenpost schreiben willst. Du weißt ja nicht, auf welcher Insel du bist.«
»Stimmt«, fuhr Justus fort. »Und außerdem weißt du auch gar nicht, in welche Richtung deine Flaschenpost treibt. Übrigens hat man früher mit dieser Methode herausgefunden, wie die Meeresströmungen verlaufen.«
»Mit einer Flaschenpost?«, fragte Bob verwundert.
»Ja, mit ganz vielen. Man hat sie von Bord eines Schiffes geworfen. Darin waren Zettel, auf denen stand, dass die Finder sich melden sollten. Auf diese Weise wusste man, in welche Richtung die Flaschenpost getrieben wurde, und das wurde dann in die Seekarten eingezeichnet.« Peter war begeistert. »Los! Mit der leeren Colaflasche basteln wir auch eine Flaschenpost. Ich bin gespannt, wer sie im Pazifik findet.«

22. Trick: Alarmstufe Rot!

Nachdem die drei ??? ihre Flaschenpost ins Meer geworfen hatten, machten sie sich auf den Rückweg zur Kaffeekanne. Peter wischte die letzten Regentropfen von seinem Fahrradsattel. »Vielleicht treibt die Flaschenpost sogar bis nach Europa.«

»Warum nicht«, überlegte Justus. »Vor vielen Jahren ist einmal ein ganzer Container mit kleinen gelben Quietschentchen ins Meer gefallen. Die schwimmenden Enten haben sich auf der ganzen Welt verteilt. Noch heute werden ab und zu welche an verschiedenen Stränden angetrieben. Das stimmt wirklich.«

Nach einer Viertelstunde erreichten sie wieder die Kaffeekanne und stellten ihre Räder ab.

Plötzlich blieb Bob wie angewurzelt stehen. »Seht ihr das? Die Klappe steht auf. Ich bin mir sicher, dass ich sie zu gemacht habe.«

Peter starrte nach oben. »Meinst du etwa, jemand hat unser Geheimversteck gefunden? Ich geh da nicht hinauf.«

Schließlich nahm Bob seinen ganzen Mut zusammen und kletterte die Eisenstufen nach oben. »Entwarnung. Hier ist niemand. Wahrscheinlich ist die Klappe vom Sturm und Regen aufgesprungen. Aber vielleicht sollten wir in Zukunft vorsichtiger sein und uns auf ungebetene Gäste vorbereiten.«

»Wie meinst du das?«, fragte Peter.

»Wir sollten eine Sicherungsfalle rund um die Kaffeekanne bauen.«

So baust du eine Sicherungsfalle

Kann man sich sicher sein, dass niemand in der Nacht um einen herumschleicht? Besonders wichtig ist die richtige Absicherung, wenn man draußen zeltet. Auch dafür haben die drei ??? einen Trick.

Du brauchst dafür:

Und so geht's:

1. Besorge dir eine dünne Schnur. Am besten eignet sich hierfür eine Angelsehne. Sie ist sehr stabil und kaum sichtbar.
2. Um dein Nachtlager schlägst du kleine Pflöcke oder Stöcke in den Boden. Um diese spannst du nun die dünne Schnur. Wichtig ist, dass die Schnur sich frei an den Stöcken bewegen kann. Mit Astgabeln klappt es am besten.
3. An einer bestimmten Stelle der gespannten Schnur errichtest du jetzt die eigentliche Falle. Stelle zum Beispiel viele Steine übereinander. Oder baue eine Dosenpyramide. Die Schnur wird jetzt so daran befestigt, dass das Ganze krachend umfällt, sobald man daran zieht. Und das wird passieren, wenn sich jemand nähert und über die gespannte Schnur stolpert.

Übrigens …
funktioniert so eine Sicherungsfalle auch in deinem Zimmer. Spanne dafür einfach vor deinem Bett in Bodennähe die Schnur. Ans Ende hängst du ein kleines Glöckchen.

Die drei ??? legten sofort mit dem Bau einer Sicherungsfalle los. Peter fand eine kaputte Angel. »Die dünne Angelsehne können wir gut gebrauchen. Sie ist fast nicht zu sehen, aber sie hält eine ganze Menge aus.«
Vor der Kaffeekanne schlug Bob mit einem Stein kleine Stöcke in den Boden. »Wenn jemand kommt, dann garantiert von der Küstenstraße. In dieser Richtung müssen wir auf jeden Fall eine Schnur spannen.«
Kurz darauf war die Sicherungsfalle fertig. Nur die drei ??? wussten, wo sich die dünne Sehne befand. Justus holte aus der Kaffeekanne einige leere Blechdosen. »Die werde ich an einer versteckten Stelle so übereinanderstapeln, dass sie sofort umfallen, wenn einer über die Schnur stolpert. Das Geräusch bekommen wir in jedem Fall mit. Wir müssen nur aufpassen, dass wir nicht selbst reintappen.«
Peter musste lachen. »Stimmt. Oder ein Tier verfängt sich und wir fallen vor Schreck aus der Kaffeekanne. Wisst ihr noch, als wir beim alten Larson einmal in seinem sonderbaren Zoo übernachtet haben*? Da hatten wir auch einen Faden gespannt und eine Katze riss an der Schnur. Ich hab damals fast einen Herzinfarkt bekommen.«

*siehe auch Band 1: »Panik im Paradies«

23. Trick: Lauschangriff

Die Sicherungsfalle war fertig und alle drei verschwanden zufrieden in der Kaffeekanne. Justus blickte nach oben. »Ich glaube, wir müssen irgendwann mal das Dach flicken. Vorhin ist an einer Stelle Wasser durchgekommen.« Peter dachte noch immer an den vermeintlichen Einbrecher. »Mit der Sicherungsfalle fühle ich mich schon viel wohler. Stellt euch vor, hier kommt plötzlich ein Einbrecher die Stufen raufgeklettert!«

Justus schüttelte den Kopf. »So blöd ist keiner. Ein Einbrecher vergewissert sich vorher, ob jemand zu Hause ist. Er beobachtet lange das Haus und horcht an der Tür.«

Peter musste an einen Fall denken, den die drei ??? mal gelöst hatten. »Wisst ihr noch, wie wir im Aqua-Park jemanden belauscht haben*?« Bob erinnerte sich sofort. »Ja, wir haben einfach ein Wasserglas zwischen Tür und Ohr gehalten. Der Trick ist aber uralt.« Peter wühlte in einem Karton. »Dann zeige ich euch jetzt einen neuen Trick. Ich hoffe, ich finde alles, was ich brauche.«

*siehe auch Band 17: »Rettet Atlantis!«

So kannst du durch Wände hören

Wie will Peter das schaffen? Die meisten Wände sind dafür doch viel zu dick, denkst du jetzt vielleicht. Doch mit einem Trick lassen sich die Schallwellen auffangen und werden direkt zum Ohr geleitet. Erinnert euch das an was? Genau! Beim letzten Arztbesuch hat euch der Doktor vielleicht mit einem ähnlichen Ding untersucht. Sein Stethoskop funktioniert nach demselben Prinzip. Nur der Zweck ist ein anderer.

Du brauchst dafür:

Schlauch, ca. 1 Meter
Trichter

Und so geht's:

1. Als Erstes benötigst du ein Stück Schlauch. Vielleicht liegt irgendwo noch ein altes Stück herum. Sonst frage deine Eltern, ob sie dir nicht ein kurzes Stück Schlauch besorgen können, zum Beispiel aus dem Baumarkt. Hier hilft übrigens noch ein guter Trick: Sag einfach, du brauchst das für die Schule. Das ist auch nicht gelogen, denn der Trick funktioniert nur mit Physik.
2. Als Zweites brauchst du einen Trichter aus Plastik. Versuche es mit dem Schul-Trick auch in der Küche. Oder du

besorgst dir einen im Geschäft. Ein einfacher Trichter ist nicht so teuer.

3. Jetzt versuche den Schlauch über das dünne Stück des Trichters zu schieben. Wenn er zu locker sitzt, sichere ihn mit einem Stück Klebeband.

4. Und schon kann es losgehen. Versuche es am besten zunächst an einer Fensterscheibe. Halte den Trichter gegen die Scheibe und führe das Schlauchende an dein Ohr. Unterhält sich jemand im Raum? Zauberei: Du kannst jedes Wort verstehen.

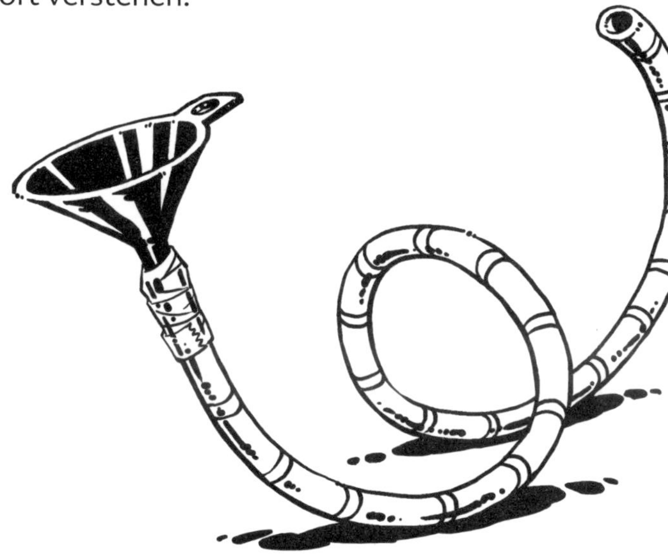

Übrigens ...
kann man sich durch einen langen Schlauch wie mit einem Dosentelefon verständigen. Früher hat man sich auf alten Schiffen sogar durch Eisenrohre verständigt.

»Na bitte!«, strahlte Peter und hielt einen alten Trichter und ein Stück Schlauch in der Hand. »Ich wusste, dass ich so etwas in der Kaffeekanne finde. Mehr brauche ich nicht für unser Abhör-Stethoskop.«

»Ein Stethoskop?«, wunderte sich Bob. »Hat nicht auch ein Arzt so ein Ding?«

Peter nickte. »Stimmt. Das hier ist im Prinzip das Gleiche. Geräusche werden durch den Trichter aufgefangen und über den Schlauch direkt ins Ohr geleitet.«

Anschließend schob Peter das Ende des Schlauchs über die Trichterspitze. »Schon fertig. Ich bin gespannt, ob es funktioniert. Ich werde jetzt rausgehen und versuchen, euch in der Kaffeekanne zu belauschen.«

Peter verschwand mit dem selbst gebauten Abhör-Stethoskop und schloss die Klappe hinter sich. »Okay, ich bin bereit. Ihr könnt euch was erzählen.« Dann presste er den Trichter gegen die Luke und hielt das Schlauchende an sein Ohr.«

Nach einer Minute kam er enttäuscht wieder in die Kaffeekanne zurück. »Mist, scheint nicht zu funktionieren.«

»Was hast du denn verstanden?«, fragte Justus und unterdrückte dabei ein Grinsen.

»Leider nur so etwas wie: Rhabarber-Rhabarber.«

»Wunderbar!«, lachte Bob. »Genau das haben wir gesagt.«

24. Trick: Voll erwischt

Peter hatte erst einmal genug von seinem Lauschangriff und legte alles wieder zurück in einen der vielen Kartons.
Justus hatte in der Zwischenzeit auch etwas vorbereitet. »Wenn man einen Einbrecher geschnappt hat, dann muss man ihn auch noch überführen. Das heißt, man muss ihm beweisen, dass er ein Verbrecher ist. Und das ist manchmal gar nicht so leicht. Kriminelle streiten natürlich alles ab.«
»Da wäre ein Foto gut«, überlegte Peter. »Oder ein Film aus einer Überwachungskamera. Auf frischer Tat ertappt!«
»Das wäre das Beste«, nickte Justus. »Aber das Glück hat man in den seltensten Fällen. Es gibt aber einen Trick, wie man Dieben eine Falle stellen kann. Passt auf: In diesen Schuhkarton habe ich einige Dinge reingepackt. Lauter altes Zeug. Aber dazwischen liegt auch ein 50-Cent-Stück. Wir machen ein Experiment: Ich drehe mich um und einer von euch beiden klaut mir aus dem Karton das Geld. Danach werde ich euch sagen, wer es war.«
Bob grinste ihn frech an. »Da bin ich mal gespannt, wie du das anstellen willst. Du hast es mit zwei Meisterdieben zu tun.«

So baust du Diebesfallen

Das passiert Detektiven sehr oft: Sie haben den Täter auf frischer Tat ertappt, doch der streitet bei der Polizei alles ab. Was häufig fehlt, sind eindeutige Beweise. Falls man die nicht hat, stehen die Chancen für den Detektiv schlecht und der Dieb kommt wieder auf freien Fuß. Wenn man auf Nummer sicher gehen will, dann baut man für den Gauner eine Diebesfalle.

Du brauchst dafür:

Wasserfarben
Schuhkarton
Tuch
Fingerfarbe

Und so geht's:

1. Du nimmst einen Schuhkarton und bemalst ihn von allen Seiten geheimnisvoll. In den Deckel schneidest du ein Loch. So groß, dass man gerade noch reingreifen kann. Dann schließt du den Deckel und klebst ihn ringsherum mit Klebeband zu.

2. Jetzt nimmst du ein altes Tuch und schmierst es mit Fingerfarbe ein. Das Tuch schiebst du dann vorsichtig durch das Loch im Karton. (Danach gründlich die Hände waschen, falls sie etwas von der Fingerfarbe abbekommen haben.)
3. Um Diebe anzulocken, hilft ein kleiner Aufkleber, auf dem steht: *Achtung! Auf gar keinen Fall in die Kiste greifen!!*
4. Du wirst sehen: Schon nach kurzer Zeit wird jemand bei euch der Versuchung nicht mehr widerstehen können und

greift neugierig in die Kiste. Was dann passiert, ist klar: Seine Hände sind von der Fingerfarbe so bunt wie ein Papagei. Da hilft es auch nicht, wenn man die Tat abstreitet. Den Trick könnt ihr auch gut verwenden, wenn immer wieder jemand in euren Briefkasten greift und die Post klaut.

Hättest du gedacht ...

dass der Trick mit der Farbe auch bei Geldautomaten eingesetzt wird? Bricht jemand den Geldautomaten auf, werden alle Scheine mit einer nicht abwaschbaren Farbe beschmiert. Damit kann dann niemand mehr einkaufen.

Justus schien recht zuversichtlich zu sein und drehte sich um. »Okay. Jetzt wühlt einer im Karton und klaut das Geld.« Kurz darauf klopfte ihm Peter auf die Schulter. »Alles klar, Just! Die Diebe haben zugeschlagen. Jetzt will ich wissen, ob du errätst, wer es war.«

»Mit Raten hat das nicht viel zu tun. Ich habe für euch eine Diebesfalle gebaut. Zeigt mir mal eure Hände.« Verwundert streckten beide ihre Arme aus. »Und was willst du Großartiges an unseren Händen erkennen?«, fragte Bob.

»So einiges. Zum Beispiel, dass du an deiner rechten Hand blaue Tinte hast. Genau die blaue Tinte, mit der ich zuvor einen der Lappen im Karton gefärbt habe. Du bist eindeutig als Dieb überführt.« Bob musste sich wohl oder übel geschlagen geben. »Wirklich nicht schlecht, deine Diebesfalle. Aber was hättest du gemacht, wenn ich Handschuhe getragen hätte? Alle schlauen Einbrecher tragen auf ihren Klautouren Handschuhe.«

»Das kann passieren«, gab Justus zu, doch dann grinste er. »Aber eigentlich gibt es ja keine schlauen Einbrecher. Wenn die schlau wären, dann wären sie keine Einbrecher geworden.«

25. Trick: Nichts anfassen!

Bob nahm einen Lappen und versuchte die Tinte abzuwischen. »Das Zeug ist ja ekelhaft – geht kaum wieder ab. Du hast recht, Just. Wenn Einbrecher schlau wären, dann würde man auch niemals Fingerabdrücke am Tatort finden. Die sollten mal ein Detektivhandbuch lesen. Dann wüssten sie, dass man natürlich Handschuhe tragen muss.«

Peter kramte eine kleine Kiste hervor. »Apropos Fingerabdrücke: Wir sollten uns mal um unser Material zur Spurensicherung kümmern. Das Fingerabdruckpulver ist nämlich aus.«

Bob betrachtete die leere Dose mit dem Pulver. »Stimmt. Aber Fingerabdruckpulver kann man selbst herstellen.«

»Wie soll das denn funktionieren?«, fragte Peter. »Ich habe es mal mit Kaffeepulver versucht. Hat aber nicht funktioniert.«

Bob nahm einen Bleistift und legte ein Blatt Papier auf den Tisch. Dann schabte er mit einem Taschenmesser an der Bleistiftmine. »Seht ihr? Die Mine ist nicht aus Blei, sondern aus Grafit. Wenn ich lange genug hier entlangkratze, dann sammelt sich auf dem Papier Grafitpulver an. Damit kann man auch ganz wunderbar Fingerabdrücke sichern.«

So sicherst du Fingerabdrücke

Die Sicherung von Fingerabdrücken gehört zu den Standardaufgaben von Detektiven. Bevor man aber in einem Haus nach verdächtigen Fingerabdrücken sucht, muss man natürlich von jedem Bewohner einen Vergleichsabdruck nehmen. Sonst weiß man nicht, welcher Abdruck von einem Fremden stammt. Für den Vergleichsabdruck eignet sich gut ein Stempelkissen.

Du brauchst dafür:

Papier

Fingerabdruckpulver

Und so geht's:

1. Als Fingerabdruckpulver eignen sich Eisenpulver, Grafitpulver, Backpulver oder Kakao. Probier einfach aus, was noch alles funktioniert.
2. Hast du einen verdächtigen Fingerabdruck entdeckt? Dann brauchst du einen feinen Pinsel.

Es geht auch sehr gut mit einer Feder. Betupfe den Pinsel mit dem Pulver und streiche vorsichtig über den Fingerabdruck. Simsalabim: Der Abdruck wird sichtbar.

3. Um den Abdruck auf Dauer zu sichern, klebst du behutsam ein Stück klares Klebeband über den Fingerabdruck. Wenn du dieses anschließend langsam abziehst, bleibt das Pulver und somit der Fingerabdruck daran kleben.

4. Jetzt brauchst du nur noch den Abdruck in ein Büchlein oder auf ein Stück Papier zu kleben. Sieh dir genau das Profil des Fingerabdrucks an! Vielleicht kannst du jetzt den Täter überführen.

Übrigens ...
haben auch Zwillinge unterschiedliche Fingerabdrücke.

Nach einer Weile hatte sich auf dem Papierbogen genügend Grafitpulver angesammelt und Bob schüttete es vorsichtig in die Dose. »So, jetzt kann der nächste Fall kommen. Wir sind vorbereitet und der Spurensicherungskasten ist wieder komplett: Pulver, Pinsel, Klebefilm. Und natürlich Plastikhandschuhe, damit man nicht selbst am Tatort seine Fingerabdrücke hinterlässt.«

»Stimmt«, lachte Justus. »Sonst muss man sich am Ende noch selbst verhaften und ins Gefängnis stecken. Wisst ihr eigentlich, dass die Polizei bei einem Einbruch auch immer die Haustür absucht. Und zwar auf Ohrabdrücke.«

»Auf Ohrabdrücke?«, wunderte sich Peter. »Warum sollte ein Einbrecher an der Tür einen Ohrabdruck hinterlassen?«

»Ganz einfach: Einbrecher lauschen oft an der Tür, um zu hören, ob einer im Haus ist. Dabei drücken sie manchmal ihr Ohr an die Tür. Und das hinterlässt auch einen Abdruck. Auf diese Weise weiß man zumindest, wie groß der Einbrecher war. War es ein Riese oder ein Mini-Gauner? Das kann später einmal sehr wichtig werden bei der Suche.«

26. Trick: Eingegipst

Bob wühlte weiter in der Kiste mit den Dingen für die Spurensicherung. »Da wir gerade dabei sind: Unser Vorrat an Gips für die Fußabdrücke ist auch fast alle. Den bekommen wir zum Glück bei Porter. Der hat alles.«

Peter nahm die halb leere Gipstüte in die Hand. »Wieso reicht es eigentlich nicht, wenn wir Fußabdrücke oder Reifenspuren einfach fotografieren? Bei anderen Beweismitteln gießen wir ja auch nicht gleich Gips drüber.«

Jetzt war Justus in seinem Element. »Da hast du recht. Aber ein Gipsabdruck ist viel eindeutiger als ein einfaches Foto. Und außerdem gibt es einen weiteren Grund.« Entschlossen nahm Justus die Tüte mit dem Gips, einen Streifen aus Pappe und eine der leeren Blechdosen. »Kommt mit, ich werde es euch zeigen.«

Wenig später standen die drei ??? neben der Kaffeekanne und Justus schüttete das Gipspulver in die Dose. Vom starken Regen hatten sich auch hier Pfützen gebildet. »Zum Glück gibt es reichlich Wasser«, grinste er. »Seit dem Trick mit den Wasserzeichen haben wir keinen Tropfen mehr.« Er rührte mit einem Stock den Gipsbrei an. Dann zeigte er auf die Spuren, die sie mit ihren Fahrrädern in dem aufgeweichten Boden hinterlassen hatten. »Ich werde einen Abdruck von Peters Reifenspuren nehmen.«

Bis jetzt kannten seine beiden Freunde den Trick mit den Gipsabdrücken. Doch plötzlich zog Justus eine Dose Haarspray hervor.

So sicherst du Schuh- und Reifenspuren

Eine von Justus' Detektivregeln lautet: *Jeder Täter hinterlässt Spuren.* Man muss sie nur finden. So muss ein Einbrecher zum Beispiel auf irgendeine Art und Weise zum Haus kommen. Wenn er nicht gerade durch die Luft schweben kann, hinterlässt er dabei Fußspuren, und wenn sie auch noch so unscheinbar sind. Kommt der Täter durch den Garten, wird man mit etwas Glück Spuren im Sand oder der Erde entdecken. Um diese wertvollen Spuren zu sichern, macht man einen Gipsabdruck.

Du brauchst dafür:

Gips
Rührschüssel
Löffel
Pappe

Und so geht's:

1. Für den Abdruck benötigst du Gips. Vielleicht gibt es so etwas in eurer Bastelkiste, ansonsten kann man Gips in jedem Baumarkt für wenig Geld kaufen.
2. Wenn du einen Schuhabdruck oder verdächtige Reifenspuren entdeckt hast, legst du um die Spur einen Pappstreifen. Einfach aus einer Pappe ausschneiden (ca. 5 cm hoch) und wie ein Rechteck zusammenkleben.

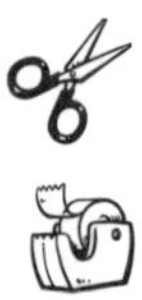

Hättest du gedacht …
dass in der Schule mit Gips an die Tafel geschrieben wird? Tafelkreide besteht nicht wie früher aus Kalk, sondern aus Gips.

3. Jetzt wird der Gips angerührt. Wie viel Wasser du für das Gipspulver benötigst, steht in der Gebrauchsanleitung. Es gibt einen Trick: Schütte das Pulver in ein Gefäß und gieße langsam Wasser hinzu. Steigen Blasen auf, ist es genug Wasser. Der Gipsteig muss etwa so dickflüssig wie Joghurt werden.
4. Anschließend wird der flüssige Gipsteig vorsichtig auf die Spur gegossen und behutsam verteilt. Nach einigen Minuten ist der Gips hart und du kannst den Abdruck entnehmen.

Bob deutete verwundert auf die Dose mit dem Haarspray. »Was hast du denn damit vor?«
Justus grinste ihn an und sprühte Haarspray auf die Reifenspuren. »Abwarten, ihr werdet es gleich sehen.« Anschließend legte er um die Spuren einen Kranz aus Pappe und goss den flüssigen Gipsbrei darüber. Nach einer Viertelstunde konnte man den erhärteten Abdruck anheben.
Peter sah sich den Reifenabdruck genau an. »Was ist jetzt so Besonderes daran? Sieht doch ganz normal aus. Und was sollte die Aktion mit dem Haarspray?«
Justus untersuchte den Abdruck mit einer Lupe und ließ sich viel Zeit mit der Antwort. »Dadurch kann ich dir beweisen, dass du irgendwann in der letzten Zeit mit dem Rad durch einen Wald gefahren bist.«
Peter war verblüfft. »Stimmt. Gerade gestern mit meinem Vater. Woher weißt du das?«
Justus hielt ihm den Gipsabdruck unter die Nase. »Weil ich im Abdruck des Reifenprofils eine Tannennadel gefunden habe. Sie muss sich im Wald dort verhakt haben und ist dann hier abgefallen. Das Haarspray hat bewirkt, dass alles rund um die untersuchte Stelle verklebt und am Abdruck haften bleibt. So sichert man nicht nur den Reifenabdruck, sondern auch alles drum herum: Sand, Haare oder eben auch Tannennadeln.«

27. Trick: Fusselprobe

Bob war sichtlich beeindruckt von Justus' Trick mit dem Haarspray. »Das ist ja ganz schön clever. Gibt es noch mehr solcher Tricks?«

»Sogar eine ganze Menge«, antwortete Justus. »Onkel Titus hatte einmal ein altes Auto gekauft und es auf seinem Schrottplatz abgestellt. Er wusste aber nicht, dass der Wagen eine Woche zuvor für einen Banküberfall als Fluchtauto benutzt wurde. Die Polizei hatte jemanden im Verdacht. Doch sie konnten nicht beweisen, dass der Mann wirklich in dem Wagen saß.«

»Und was haben die dann gemacht?«, fragte Peter. »Ohne Beweise konnten sie ihn ja nicht überführen.«

Justus verschwand kurz in der Kaffeekanne und kam mit einer Rolle Klebefilm wieder zurück. »Hier! Damit hat man den Täter überführen können.«

Bob nahm die Rolle in die Hand. »Mit Klebefolie? Wie soll das denn funktionieren?«

»Die Polizei hatte von dem Fahrersitz eine Fusselprobe genommen. Dafür wurde ein breiter Streifen Klebefolie auf den Sitz gedrückt und anschließend wieder abgezogen. An der Folie blieben lauter kleine Fusseln kleben. Auch solche, die man mit bloßem Auge kaum erkennen kann. Die hat man dann mit einem Mikroskop untersucht und festgestellt, dass die Fusseln von der Jacke des verdächtigen Bankräubers stammen. Der Mann kam ins Gefängnis, aber von dem Geld fehlt bis heute jede Spur.«

So sicherst du Faserspuren

Nicht nur die großen Spuren sind wichtig. Auch kleinste Fusseln oder Fasern können einen Täter überführen. Darum tragen auch die Beamten von der Spurensicherung Handschuhe und fuselfreie weiße Overalls, damit sie selbst nicht noch weitere Spuren am Tatort hinterlassen. Hat sich der Einbrecher vielleicht bei der Tat auf einen Stuhl gesetzt? Mit einer Fusselprobe könnte man das nachweisen.

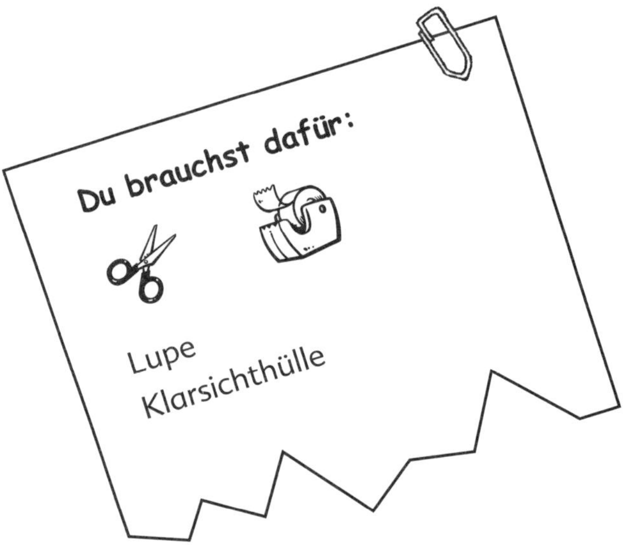

Und so geht's:

1. Du benötigst eine breite Rolle Klebeband. Am besten eignet sich hier doppelseitiges Teppichklebeband. Das Klebeband ist sehr weich und dick und garantiert jeder Fussel bleibt daran kleben.

2. Schneide einen Streifen Klebeband ab. Dieser Streifen wird nun vorsichtig auf die Sitzfläche gedrückt. Anschließend ziehst du den Streifen wieder ab.

3. Jetzt kann man schon sehr viele kleine Fusseln, Fasern oder Härchen entdecken. Untersuche sie mit einer Lupe. Um die Spur zu sichern, klebst du sie einfach auf eine Klarsichthülle.

Wusstest du …
dass es auch einen sogenannten genetischen Fingerabdruck gibt? Für diese Spuren reichen schon winzige Mengen Schweiß oder Blut.

»Der Fussel-Trick ist wirklich gut«, staunte Peter. »Total einfach, aber genial. Ich würde das gern mal ausprobieren. Gibt es den Wagen des Bankräubers noch?«
»Ja, soviel ich weiß, steht der irgendwo auf dem Schrottplatz herum.«
Die drei ??? schnappten sich ihre Räder und fuhren zurück. Es war Samstag und Onkel Titus und Tante Mathilda waren zum Einkaufen in der Stadt. Justus stellte sein Rad an der Veranda ab. »Ich glaube, der Wagen steht ganz am Ende kurz vor dem Bretterzaun. Onkel Titus bekommt den einfach nicht verkauft.«
Es war ein lilafarbener Sportwagen mit vielen kleinen Beulen und Rostflecken. Bob öffnete die Fahrertür. »Kein Wunder, dass den keiner haben will. Bei der Farbe.«

Peter nahm die Rolle mit der Klebefolie. »Jetzt wird's spannend. Vom Sitz hat ja schon die Polizei eine Probe genommen. Ich werde es einmal mit der Fußmatte probieren.«
»Und was hoffst du da zu finden?«, fragte Bob.
»Keine Ahnung. Wenn man vorher weiß, was man findet, braucht man ja nicht zu suchen. Dieser Satz ist übrigens nicht von mir, sondern von Justus.«

28. Trick: Wachsabdruck

Vorsichtig drückte Peter die Klebefolie auf die Fußmatte. Dann zog er sie behutsam wieder ab. »Sieht nach viel Dreck aus. Sand, Staub und alles, was einem so unter den Schuhen klebt.«
Plötzlich bemerkte Justus etwas sehr Kleines. Neugierig zog er seine Lupe aus der Tasche. »Das hier ist ungewöhnlich. Es glänzt in der Sonne. Sieht aus wie ein winziges Stück Plastik. Nein! Moment! Jetzt weiß ich, was das ist: Es ist eine Schuppe von einem Fisch.«
Peter nahm ihm die Lupe ab und nickte aufgeregt. »Ja, und dort sind noch mehr Schuppen. Was kann das bedeuten?«
Justus knetete seine Unterlippe. »Wo gibt es Fisch? Beim Fischereihafen. Los, wir ermitteln dort weiter.«
Sofort fuhren sie los und befragten als Erstes den Hafenmeister in seinem Büro. »Ja, ja«, brummte dieser. »Ich kann mich an so einen lila Wagen erinnern. Den fuhr ein Mann, der hier eine der alten Fischerhütten gemietet hat. Schuppen Nummer 24. Der war aber schon lange nicht mehr da. Dort an der Wand hängt noch der Ersatzschlüssel.«
Justus klopfte das Herz bis zum Hals. Als der Hafenmeister kurz das Zimmer verließ, um einen Tee zu holen, schnappte sich Justus eine Kerze. »Jetzt kommt der Trick mit dem Wachsabdruck«, flüsterte er.

So kopierst du einen Schlüssel

Manchmal müssen gute Detektive auch Tricks beherrschen, die eigentlich die Kriminellen erfunden haben. Wie kann man sich zum Beispiel einen Schlüssel besorgen, den der Besitzer nicht einfach so rausrücken möchte? Leicht und schnell geht dies mit einem heimlichen Wachsabdruck.

Du brauchst dafür:

Wachskerze
Schlüssel

Und so geht's:

1. Nimm dafür eine nicht zu dicke Kerze. Halte diese eine Weile in deiner Hand, damit das Wachs weicher wird. Dabei drückst du die Kerze etwas platt.
2. Nun nimmst du den Schlüssel und presst ihn mit viel Kraft auf die Kerze. Der Schlüssel hat einen Abdruck hinterlassen.
3. Mit diesem Abdruck kannst du nun vergleichen, ob ein anderer verdächtiger Schlüssel dazu passt. Es ist sogar möglich, bei einem guten Schlüsseldienst mit diesem Abdruck einen Ersatzschlüssel anfertigen zu lassen.

Übrigens ...
funktioniert der Trick auch mit Knetgummi recht gut.

Peter sah Justus entsetzt an. »Was hast du vor? Der kommt gleich zurück!« Doch Justus ließ sich nicht beirren und drückte den Schlüssel, so fest er konnte, auf die Kerze.
Sekunden später stand der Hafenmeister mit vier Tassen in der Tür. Schnell tranken die drei ??? den Tee aus und verabschiedeten sich vom Hafenmeister.
Wenig später standen sie vor dem Schuppen Nummer 24.
»Just!«, platzte es aus Peter heraus. »Nun sag schon endlich, was das alles soll! Wieso hast du von dem Schlüssel einen Wachsabdruck gemacht?«
»Weil der Hafenmeister den nicht freiwillig rausgerückt hätte. Ich bin mir nämlich sicher: In dem Schuppen ist etwas, was ich gern finden würde. Und es hat was mit dem Bankräuber zu tun. Doch die Geschichte hätte der Hafenmeister uns bestimmt nicht geglaubt. Peter, du bist unser Dietrich-Experte. Kannst du mit dem Wachsabdruck einen Schlüssel nachbauen?«
Peter sah sich den Abdruck an. »Das ist ein einfacher Schlüssel. Wenn ich hier irgendwo ein Stück Draht finde, wird das schon klappen. Aber wir können doch in den Schuppen nicht so mir nichts dir nichts, einbrechen?«
Justus legte ihm beruhigend die Hand auf die Schulter. »Wir brechen nicht ein – wir ermitteln.«

29. Trick: Panzerknacker

Zu dritt suchten sie im alten Fischereihafen nach einem geeigneten Draht. Schließlich wurde Peter neben einem Stapel Netze fündig. »Hiermit könnte es funktionieren. Er ist zwar ein bisschen rostig, aber das ist egal.« Dann betrachtete er den Schlüsselabdruck im Kerzenwachs und ging zurück zum Schuppen mit der Nummer 24. Eine fette Möwe saß auf dem Dach und beobachtete sie neugierig. »Am besten kann man natürlich so einen Dietrich mit der Zange biegen. Ich werde es mit zwei Steinen versuchen.«

Immer wieder probierte Peter, ob sich die Tür mit dem selbst gebauten Dietrich öffnen ließ. Beim dritten Versuch klappte es. »Okay, die Schuppentür ist auf. Ich kann nur hoffen, dass uns der Hafenmeister nicht erwischt.«

Ohne zu zögern, schob Justus die quietschende Tür auf und verschwand in der Dunkelheit. Bob und Peter folgten ihm.

Es dauerte eine Weile, bis sich ihre Augen an das schwache Licht gewöhnten.

Sie sahen mehrere Holzkisten.

Bob hielt sich die Nase zu. »Puh! Das stinkt hier vielleicht nach altem Fisch. Ich geh wieder an die frische Luft.«

Justus hielt ihn zurück. »Warte! Ich will erst gucken, was in den Kisten ist.«

So baust du dir einen Dietrich

Peter ist der Dietrich-Experte. Er hat auch lange dafür geübt, denn ganz so einfach ist es nicht. Ein Dietrich ist ein gebogener Draht, der wie der richtige Schlüssel einfache Schlösser öffnen kann. Man spricht auch von einem Sperrwerkzeug. Um zu verstehen, wie ein Dietrich funktioniert, muss man sich einmal in Ruhe ein Schloss betrachten. Natürlich benutzt ein Detektiv so einen Dietrich nicht für einen Einbruch, sondern nur für seine Ermittlungen.

Du brauchst dafür:

Draht
Zange

Und so geht's:

1. Vor allem benötigst du dafür ein Stück festen Draht. Gut funktioniert auch ein dünner, billiger Schraubenzieher.
2. Mit einer Zange biegst du nun den oberen Teil des Drahtes oder des Schraubenziehers um. Dein Dietrich sieht jetzt aus wie ein L.
3. Die Form des Dietrichs hängt von dem jeweiligen Schloss ab. Peter hat sich eine ganze Sammlung gebogen. Probier es aus!
4. Jetzt wird sich herausstellen, ob der Dietrich auch die verdächtige Tür öffnen kann. Zum Üben eignet sich gut die Tür zu deinem Zimmer.

Wusstest du …

dass der Dietrich so genannt wurde, weil das Wort ein wenig an einen ›Dieb‹ erinnert?

Bob versuchte immer noch die Luft anzuhalten. »Diese toten Fische! Mir wird gleich übel.«
In den Kisten fand Justus alte Blechkonserven, vergilbte Zeitungen und jede Menge Schiffstaue. »Das macht keinen Sinn«, überlegte er. »Wieso hat jemand den Schuppen gemietet? Dafür muss es einen Grund geben. Ein Fischer war es auf jeden Fall nicht.«
Plötzlich entdeckte er ein altes Holzfass unter einer Plastikplane. Es war nicht besonders groß, aber dafür recht schwer. Bob rollte das Fass hin und her. »Eine Flüssigkeit ist nicht darin, sonst würde es blubbern. Zum Glück stinkt das Fass nicht auch noch nach Fisch.«
In diesem Moment hörten die drei ???, wie sich von außen Schritte näherten. »Hallo?«, rief eine Stimme. »Ist da wer?«
Es war die Stimme des Hafenmeisters. Die drei hielten den Atem an. »Hallo? Wer zum Klabautermann hat die Tür aufgelassen? Egal, wahrscheinlich war es der Wind. Oder war ich es? Vielleicht werde ich schon langsam tüttelig.«
Dann wurde mit Schwung die Tür zugeknallt und der Schlüssel von außen herumgedreht.
Die drei ??? waren jetzt gefangen.

30. Trick: Ausbrecherkönig

Bob fand zuerst die Sprache wieder. »So ein Mist! Ich fühl mich wie eine Ratte in der Falle. Warum sind wir hier nur reingegangen?« Es war jetzt stockdunkel in dem Schuppen. Nur durch winzige Löcher im Dach drangen einige Sonnenstrahlen herein. Peter rüttelte an der Tür. »Abgeschlossen. Verdammt, ich habe den Dietrich draußen liegen lassen.« Dann versuchte er mit einem Auge durch das Schlüsselloch zu gucken. »Der Hafenmeister scheint den Schlüssel von außen stecken gelassen zu haben. Ich glaube, der ist wirklich tüttelig.«

Bob holte endlich wieder tief Luft. »Wir haben aber eigentlich nichts zu verbergen. Warum trommeln wir nicht so lange laut gegen die Tür, bis uns einer hört?«

Justus knetete seine Unterlippe. »Na ja, man wird uns fragen, was wir hier zu suchen haben. Nachher wirft man uns noch einen Einbruch vor. Außerdem will ich zuerst wissen, was in dem geheimnisvollen Fass steckt. Es wäre daher nicht schlecht, wenn wir die Tür irgendwie so aufbekommen.«

Niemand hatte in der Dunkelheit bemerkt, dass sich Peter eine der alten Zeitungen aus der Kiste geholt hatte. »Vielleicht gibt es doch noch eine Möglichkeit, die Tür aufzubekommen. Einen Trick hab ich nämlich noch auf Lager. Und dafür brauche ich nicht mehr als diese Zeitung und einen Bleistift.«

So kannst du Türen öffnen

Keine schöne Situation für die drei ???. Die Tür ist zu und der Schlüssel steckt von außen. Doch Peter ist nicht nur Dietrich-Experte, sondern auch Ausbrecherkönig. Aber sein Trick ist nicht ganz einfach, denn man hat im Ernstfall nur einen Versuch! Zum Üben brauchst du dich natürlich nicht einschließen lassen.

Du brauchst dafür:

Zeitungsbogen
Draht
Geduld

Und so geht's:

1. Schiebe unter der geschlossenen Tür einen großen Bogen Papier oder eine Zeitung hindurch.
2. Mit einem Bleistift, Schraubenzieher oder einem Draht stocherst du jetzt so lange im Schloss, bis auf der anderen Seite der Schlüssel rausfällt.
3. Jetzt wird's spannend: Ist der Schlüssel auf das Papier gefallen oder war alles umsonst? Man kann es meistens schon am Klang hören, wie der Schlüssel gefallen ist.
4. Ziehe nun langsam das Papier unter der Tür wieder zurück. Es ist wie beim Angeln: Mit etwas Glück ist der Schlüssel dabei.

Übrigens ...

funktioniert der Trick nur bei Türen, deren Spalt groß genug ist, dass der Schlüssel durchpasst. Für alle anderen Türen trainiert Peter gerade an einem neuen Trick.

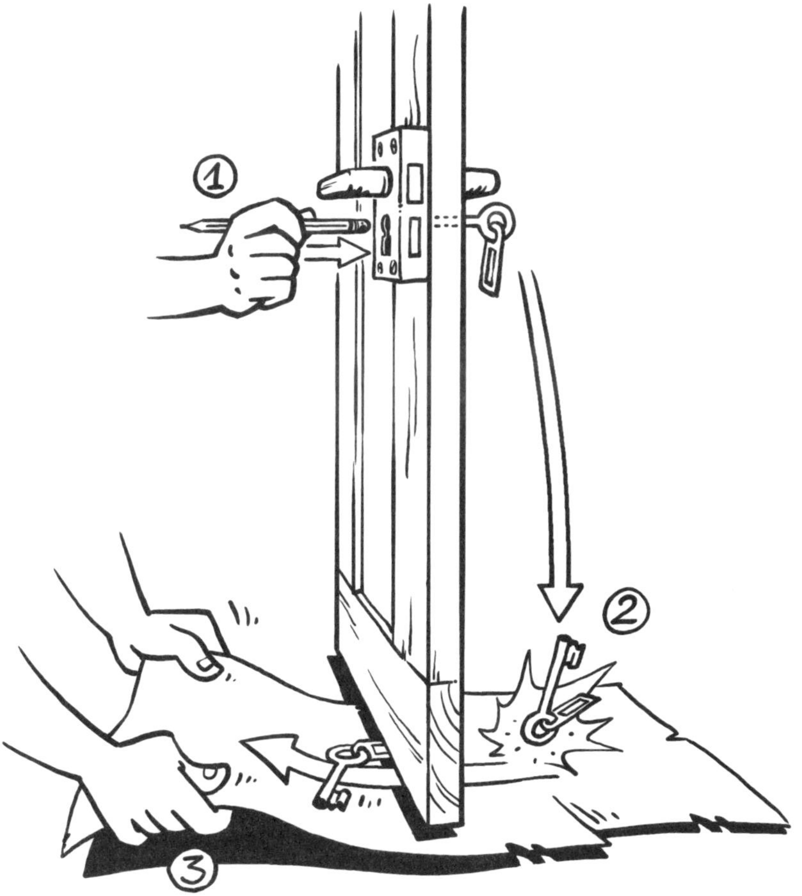

Bob hatte einen Bleistift dabei und reichte ihn Peter. »Hier! Jetzt bin ich mal gespannt, was du vorhast.«

Behutsam schob Peter einen Zeitungsbogen unter dem Türspalt nach draußen. Anschließend stocherte er mit dem Stift so lange im Schloss herum, bis der Schlüssel auf der anderen Seite hinausfiel. »Habt ihr das gehört?«, strahlte er. »Ich glaube, der ist auf die Zeitung gefallen.« Vorsichtig zog er den Zeitungsbogen unter der Tür zurück. »Na bitte! Der Trick hat geklappt! Da ist der Schlüssel.«

Schnell war die Tür geöffnet und endlich konnten die drei ??? wieder etwas sehen. Justus machte sich sofort daran, das Holzfass zu öffnen. Peter und Bob beugten sich neugierig über ihn. Mit einem leisen Knirschen gab der Deckel nach und die drei konnten nicht glauben, was sie zu Gesicht bekamen: Das Fass war randvoll gefüllt mit Geldscheinen. Bob stand der Mund offen. »Ich glaub es nicht!«

Justus zog eins der Bündel heraus. »Und damit ist auch klar, wo der Bankräuber seine Beute versteckt hat. Er wollte seine Strafe absitzen und dann das Geld holen. Daraus wird nur leider nichts. Los, wir fahren damit sofort zu Kommissar Reynolds. Der wird Augen machen, wenn er das Geld sieht.«

Auch Peter war begeistert. »Da kann man mal sehen, wie gut es ist, wenn man ein paar Tricks auf Lager hat. Wir sind richtig gute Detektive.«

»Gut?«, rief Bob fast schon empört. »Wir sind Meisterdetektive!« Alle drei mussten so laut lachen, dass die Möwe auf dem Dach davonflog.

Tipps für deinen Detektivclub

Der Fall wäre gelöst. Kommissar Reynolds staunte nicht schlecht, als die drei ??? plötzlich mit einer großen Plastiktüte voller Geld in sein Büro marschierten. Die Bank war froh, als die Beute wieder auftauchte – der Bankräuber nicht, denn er musste noch länger im Gefängnis bleiben.
Kommissar Reynolds erklärte die drei auf der Stelle zu seiner Spezialeinheit. „Sie haben uns schon dreimal zur Spezialeinheit ernannt", grinste Justus. Doch der Kommissar lachte nur. „Egal, dann ernenne ich euch eben zur speziellen Spezialeinheit. Rocky Beach kann stolz auf euch sein!"

Und wieder hatte der berühmteste Detektivclub der Welt einen spannenden Fall gelöst. Er kam zu den Akten.

Möchtest du auch einen Detektivclub gründen? Das ist ganz einfach. Alles, was du dafür brauchst, sind gute Freunde. Gute Freunde und natürlich einen spannenden Fall.
Und es muss ja nicht gleich ein waschechter Banküberfall sein. Geheimnisvolle Rätsel und sonderbare Begebenheiten wirst du überall finden. Halte einfach die Augen auf!

Für deinen Detektivclub brauchst du einige Unterlagen. Am besten heftest du sie alle in einen Ordner oder schaffst dir eine Detektivclub-Kiste an, in der du alles Wichtige verstauen kannst.

Um den Überblick zu behalten, benötigst du als Erstes eine Liste mit allen Mitgliedern.
Hier ist eine Vorlage zum Kopieren oder Ausschneiden.

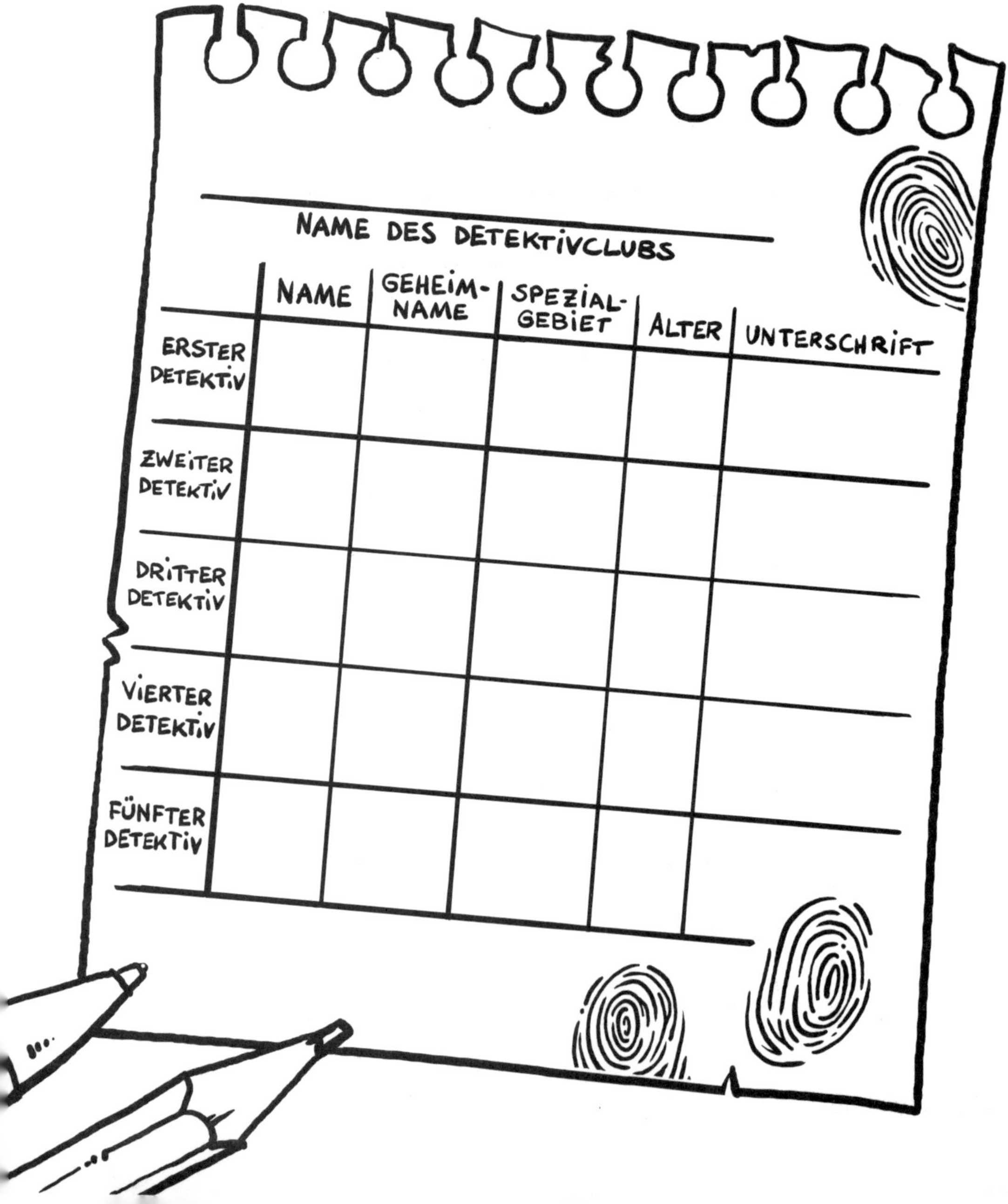

Detektive brauchen natürlich auch echte Detektivausweise.
Hier ist eine Vorlage zum Kopieren oder Ausschneiden.

Jeder Detektivclub braucht seinen eigenen Stempel. Und diesen könnt ihr ganz leicht selbst machen.

Du brauchst dafür:

Ein Radiergummi
Stempelkissen

Zunächst müsst ihr euch ein Logo ausdenken. Ein Logo ist eine Art Erkennungszeichen. Die drei ??? haben die berühmten drei Fragezeichen gewählt. Sie stehen für das Unbekannte, für Geheimnisse und Fragen aller Art.
Vielleicht ist es bei euch eine Lupe? Oder ein geheimes Zeichen, das nur ihr kennt.

Jetzt übertragt ihr euer ausgedachtes Logo mit einem Stift auf den Radiergummi. Anschließend schneidet ihr alles um das Logo etwas weg. Nicht sehr tief – so, wie es bei einem Stempel der Fall ist. Aber Vorsicht! Schneidet euch nicht!
Ist der Stempel fertig, könnt ihr ihn sofort für all eure wichtigen Dokumente benutzen. Mit einem Stempelkissen geht es am einfachsten. Man kann aber auch mit einem Füller direkt auf den Stempel malen und dann einen Abdruck machen.

Was jetzt noch für euren Detektivclub fehlt, ist die Detektivsatzung.
Denn es ist wichtig, dass sich Detektive an Regeln halten. Klar, denn das Lösen der Fälle soll ja Spaß machen und nicht gefährlich werden.

DETEKTIVSATZUNG

____

UNSER DETEKTIVCLUB HEISST

1. WIR BIETEN JEDEM UNSERE HILFE AN, DER UNS DARUM BITTET.
2. JEDER IM CLUB VERTRAUT DEM ANDEREN. GEHEIMNISSE UNTEREINANDER GIBT ES NICHT.
3. WIR LÖSEN FÄLLE, OHNE DAFÜR ETWAS ZU VERLANGEN.
4. GEHEIMNISSE DES DETEKTIVCLUBS WERDEN NICHT NACH AUSSEN GETRAGEN.
5. ALLE MITGLIEDER DES CLUBS TREFFEN SICH REGELMÄSSIG ZUM DETEKTIV-TRAINING.
6. UNSER GEHEIMVERSTECK WIRD NIEMALS VERRATEN.
7. WIR LÖSEN NUR FÄLLE, DIE UNGEFÄHRLICH SIND. FÜR ALLES ANDERE IST DIE POLIZEI ZUSTÄNDIG.
8. WIR PASSEN GEGENSEITIG AUF, DASS NIEMAND VERLETZT WIRD.
9. ______________________________
10. ______________________________

HIERMIT ERKLÄREN WIR, DASS WIR DIE DETEKTIVSATZUNG GELESEN HABEN UND UNS AN DIE REGELN HALTEN WERDEN.

ORT: _______________ DATUM: _______________

UNTERSCHRIFTEN: _______________

Wichtig für jeden Detektivclub ist die richtige Ausrüstung. Lupe, Fingerabdruckpulver, Taschenlampe ... man kann einiges gebrauchen. Natürlich schleppt man nicht alles mit sich herum, sondern nimmt nur das mit, was man braucht.
Für alles andere braucht ihr ein Geheimversteck, so etwas wie die Kaffeekanne der drei ???. Vielleicht ein alter Schuppen? Oder ein Baumhaus? Dort könnt ihr eure Ausrüstung dann lagern.

DAS KANN MAN ALS DETEKTIV GUT GEBRAUCHEN:

- LUPE
- TASCHENLAMPE
- ERMITTLUNGSKOFFER MIT:
  - FINGERABDRUCKPULVER
  - PINSEL
  - KLEBEFILM
  - PLASTIKTÜTCHEN
  - BLEISTIFT + BLOCK
  - MARKIERKREIDE
  - PINZETTE
  - SCHERE
  - PLASTIKHANDSCHUHE
- FERNGLAS
- KOMPASS
- MIKROSKOP
- FOTOAPPARAT
- TARNKLEIDUNG

Auch wenn mal gerade kein Fall in Sicht ist, hat ein Detektiv immer etwas zu tun. Wie wäre es mit einem kleinen Detektivtraining? Du benötigst dafür mehre kleine Filmdosen oder verschließbare Plastikbecher. In diese Becher werden verschiedene Dinge gelegt, die euer Club erschnüffeln muss. Eine Liste verrät, wer von euch es geschafft hat.

SCHNÜFFELTRAINING

DETEKTIVE:	①	②	③	④	⑤
ZIMT					
KAFFEE					
SEIFE					
ESSIG					
ZITRONE					
...					
...					
...					

✓ = GELÖST

X = NICHT GELÖST

Ein gutes Gehör ist für Detektive natürlich auch wichtig. Was war das für ein Geräusch in der Nacht? Was hat der unheimliche Besucher geflüstert? Raschelt dort etwas?
Ihr braucht dafür wieder einige Plastikbecher. Aber diesmal legt ihr nichts zum Riechen hinein, sondern Dinge, die man hören kann.
Hier könnt ihr mit eurem Club eure Ohren trainieren.

HORCHTRAINING

DETEKTIVE:	①	②	③	④	⑤
ERBSEN					
SAND					
MÜNZEN					
STREICH-HÖLZER					
ALUPAPIER					
...					
...					
...					

☑ = GELÖST ☒ = NICHT GELÖST

Es ist auch gut, den Tastsinn zu trainieren. Können eure Finger gut etwas erfühlen? Dies ist wichtig, denn oft ermitteln Detektive im Dunkeln.
Ihr braucht dazu einen kleinen Stoffbeutel und eine Menge Dinge, die man ertasten kann.
Einem von euch werden die Augen verbunden und er muss herausbekommen, was ihr ihm in den Beutel gelegt habt.

TASTTRAINING

DETEKTIVE:	①	②	③	④	⑤
EIER-LÖFFEL					
KORKEN					
BÜRO-KLAMMER					
EIS-WÜRFEL					
KERZE					
...					
...					
...					

✓ = GELÖST   X = NICHT GELÖST

Jetzt habt ihr schon einiges trainiert: eure Nase, eure Ohren und eure Finger. Doch wie sieht es mit der Geschicklichkeit aus? Könnt ihr euch lautlos wie eine Katze bewegen? Auch dann noch, wenn der Weg versperrt ist? Detektive kommen oft in Situationen, wo sie ihren Körper ganz schön verbiegen müssen. Aber auch dies kann man gut trainieren. Alles, was ihr braucht, ist ein Wollknäuel und ein oder mehrere kleine Glöckchen.

Und so geht's:

Spannt in eurem Geheimversteck kreuz und quer durch den Raum den Wollfaden. Euer Ziel: Ihr müsst später mitten durch den Wollfaden-Dschungel und dürft die Fäden nicht berühren. Wenn doch, dann klingelt das kleine Glöckchen. Befestigt es an einem der Fäden.

Wenn ihr einen roten Wollfaden nehmt, dann sieht es aus, als würdet ihr euch durch ein Meer aus dünnen Laserstrahlen bewegen.

Jetzt fehlt euch nur noch eine blitzschnelle Reaktionsfähigkeit.
Wie schnell seid ihr?
Das kann man mit einem einfachen Reaktionstest herausfinden.

Dafür nehmt ihr ein Lineal und befestigt darauf einen Papierstreifen.
Auf diesem Streifen könnt ihr ablesen, wie schnell ihr seid. Eine Vorlage dafür findest du hier.

Du brauchst dafür:

Papierstreifen

Und so geht's:
Einer von euch hält das Lineal am oberen Ende zwischen den Fingern.
Der andere versucht mit Daumen und Zeigefinger das Lineal zu schnappen und hat seine Hand am unteren Ende des Lineals. Er berührt das Lineal allerdings noch nicht!
Ohne Vorwarnung wird das Lineal losgelassen. Jetzt heißt es blitzschnell zugreifen. Wie schnell warst du? Die Markierung am Lineal verrät es dir.

Das Tatort-Protokoll

Oft geht es an einem Tatort hoch her. Wichtig ist es da, einen kühlen Kopf zu bewahren und alles zu notieren, was wichtig ist. Dabei helfen dir die richtigen Fragen, die du am besten in einem Protokoll festhältst.
Hier ist ein Vordruck für ein Tatort-Protokoll zum Kopieren oder Abzeichnen.

TATORT - PROTOKOLL

WAS IST GESCHEHEN?

____

____

WO IST ES GESCHEHEN?

____

____

WANN WAR DIE TATZEIT?

DATUM: ______________ UHRZEIT: ______________

WER IST DAS OPFER? WER IST ZEUGE?

OPFER: ______________________________

ZEUGEN: ______________________________

WIE IST DER TÄTER VORGEGANGEN?

____

____

WOMIT WURDE DIE TAT VERÜBT?

____

WAS IST DAS MOTIV?

____

____

An jedem Tatort finden sich Spuren, die der Täter hinterlassen hat. Eine verräterische Fußspur. Ein benutztes Wasserglas. Eine Einbruchsspur an der Tür. Ein Kaugummipapier. Diese und andere Spuren sind wichtig, um Stück für Stück den Fall zu lösen. Entscheidend ist hier die genaue Lage der Spuren. Dafür stellen Ermittler an jeder Spur eine kleine Karte mit einer Nummer auf und machen anschließend ein Foto oder fertigen eine Tatort-Skizze an. Hier findest du solche Karten zum Kopieren und Ausschneiden.

SPUR 1	SPUR 2	SPUR 3
SPUR 4	SPUR 5	SPUR 6

Die Tatort-Skizze

Wenn langsam Ruhe am Tatort eingekehrt ist, sollte man eine Tatort-Skizze anfertigen. Ein Foto ist natürlich auch hilfreich, doch manche Details erkennt man darauf nicht. Hier findest du einen Vordruck für eine Tatort-Skizze zum Kopieren.

Jetzt hast du alles, was du für einen richtigen Detektivclub brauchst. Doch das Wichtigste ist natürlich ein spannender Fall. Oft sind es auch Kleinigkeiten, die einen stutzig machen. Wo stimmt etwas nicht? Was steckt dahinter?
Das herauszufinden ist die Aufgabe von Detektiven.

Und jetzt viel Spaß bei euren Fällen!